U0690713

全[

丛书主编 张庆宗

如何成为优秀的 外语教师

张庆宗 著

丛书主编：张庆宗

丛书编委：张庆宗　王家芝　王志茹
　　　　　陶　涛　胡雪飞　余才胜

WUHAN UNIVERSITY PRESS
武汉大学出版社

图书在版编目(CIP)数据

如何成为优秀的外语教师/张庆宗著.—武汉：武汉大学出版社，
2014.4
全国基础教育外语教师丛书/张庆宗主编
ISBN 978-7-307-12792-0

Ⅰ.如…　Ⅱ.张…　Ⅲ.外语教学—师资培养—研究　Ⅳ.①H09
②G451.2

中国版本图书馆 CIP 数据核字(2014)第 017952 号

封面图片为上海富昱特授权使用(ⓒ IMAGEMORE Co.，Ltd.)

责任编辑:谢群英　　　责任校对:鄢春梅　　　版式设计:马　佳

出版发行:**武汉大学出版社**　　(430072　武昌　珞珈山)
(电子邮箱: cbs22@ whu.edu.cn　网址:www.wdp.com.cn)
印刷:武汉中远印务有限公司
开本:720×1000　1/16　印张:15.75　字数:209 千字　插页:1
版次:2014 年 4 月第 1 版　　2014 年 4 月第 1 次印刷
ISBN 978-7-307-12792-0　　定价:28.00 元

总　序

　　为了提高中小学教师的专业素质和基础教育质量，1996 年 4 月，国务院学位委员会通过决议设置教育硕士专业学位（Ed. M），并于 1997 年开始招生试点工作。教育硕士专业学位是具有特定教育职业背景的专业性学位，主要培养面向基础教育教学和管理工作需要的高层次人才。教育硕士专业学位在我国的设置，为中小学教师获取研究生学位开辟了渠道。教育硕士培养的目的是培养具有现代教育观念，具备较高理论素养与实践能力的教育管理干部和骨干教师。

　　教育硕士学位获得者应具有良好的职业道德，既要掌握某门学科坚实的基础理论和系统的专业知识，又要懂得现代教育基本理论和学科教学或教育管理的理论及方法，具有运用所学的理论和方法解决学科教学或教育管理实践中存在的实际问题的能力。

　　湖北大学于 2006 年开始正式招收教育硕士，学院也于 2006 年起招收英语学科方向的教育硕士，迄今为止共招收、培养了三百多名中小学英语教师。在教学、培养过程中，我们严格按照教育硕士的培养目标，认真执行教学大纲，以切实提高中小学英语教师的理论素养和教学能力。多年来，参与教育硕士（英语）教学与培养的教师认真研读《义务教育英语课程标准》，积极探索中小学英语教学的规律，广泛深入中小学课堂，在全面了解中小学英语教师实际需求的基础上，不断完善教学计划，适时调整教学内容和教学步骤，有针对性地开展教学活动，教学效果受到了学员的一致好评。经过这些年的沉淀，参与教育硕士（英语）

培养的教师在基础英语教育方面积累了一定的经验。自"中小学教师国家级培训计划"（简称"国培计划"）实施以来，这些教师又同时承担了"国培计划"中小学教师的培训工作，与更多来自教学一线的教师近距离接触，倾听他们的呼声，了解他们的需求，深切地感受到基础教育外语教师对教学理论知识的渴求、对教学实践指导的期待。如何引领他们进入知识的殿堂，用理论为他们装上双翼，让他们自由地遨游在教学实践的广阔天地里，一直是我们思考的问题。

然而，在教学过程中，我们发现市场上没有为教育硕士，尤其是没有为英语学科方向的教育硕士编写的教材和读本可以参照，鉴于目前基础阶段外语教育参考书目极其匮乏的现状，我们决定编写一套基础教育外语教师丛书，以丰富基础外语教学研究，指导中小学英语教师的教育教学实践。在武汉大学出版社的大力支持下，"全国基础教育外语教师丛书"得以顺利出版问世。

该套丛书由第一辑 6 本单册组成，它们是《如何成为优秀的外语教师》、《外语教学研究方法》、《英语课程设计》、《如何有效组织课堂教学》、《英语学习策略》、《英语教学法》。这 6 本书分别探讨了优秀外语教师必须具备的素质、外语教师如何做科研、外语教师如何设计英语课程、外语教师如何有效组织课堂教学、学习者应掌握的英语学习策略、教师应了解的英语教学流派和方法等方面的内容。该套丛书旨在为外语研究生和教育硕士（英语）的培养打下良好的基础，为他们顺利地入职做好积极的准备，也为参加在职培训的中小学外语教师提供一定的理论指导。

《如何成为优秀的外语教师》在介绍英语课程标准的目标、性质和教学理念的基础上，论述了优秀的外语教师应该具备的素质。笔者从教学心理的视角详细论述了优秀外语教师需具备的知识基础和教学能力，影响优秀教师成长的认知心理和情感心理，并指出优秀外语教师专业发展的路径。该书作为教育硕士（英语）和中小学外语教师的阅读文本，对他们如何有效地获得专业发展，快速成长为优秀教师具有一定的指导意义。

《外语教学研究方法》系统介绍外语教学研究的理论、方法、研究设计、数据采集和数据分析，并以外语教学中相关选题的研究为例，详细介绍了如何通过行动研究的方法解决教育教学实践中的实际问题。该书旨在帮助教育硕士（英语）和中小学外语教师增强问题意识和研究意识，引导他们学习和掌握外语教学研究的科研方法，以提高其科研能力和水平。

《英语课程设计》以英语课程设计的理论为基础，系统介绍英语课程设计的整个过程：需求分析、教学目标设定、教学大纲设计、教材开发、教学实施和课程评估。每个阶段的呈现都配备相关的案例分析。案例的选择来源于对中、小学英语课程设计各个环节的调查、研究和实践的结果。该书旨在帮助教育硕士（英语）和中小学外语教师在分析学生的需求、设计课程教学大纲、开发教材、评价学习效果以及评估课程等诸方面积累一定的理论和实践经验，使教师能够胜任课程设计和教材开发等工作。

《如何有效组织课堂教学》将介绍有效课堂教学的基本特征，并以案例分析的形式讨论影响教学效果的行为方式。这些行为方式主要包括讲解方式，引起学生注意和兴趣的方式，鼓励学生参与课堂的方式，教师组织教学的方式，教学评价的方式，保持融洽的师生关系等。该书还将推荐教学行为和教学效果量表，并介绍如何利用量表来反思和促进教学。希望本书能帮助教师改善课堂教学行为，有效组织课堂教学，以提高教学效果。

《英语学习策略》系统介绍了语言学习策略的理论背景、发展历程以及定义、功能、特征和结构框架等，并介绍了对语言学习策略进行调查和培养的方法。作者还论述了英语听、读、说、写技能的学习策略，以及学习词汇、语音、语法的策略，在论述中作者配以大量研究案例进行分析。除此之外，作者介绍了国内外自主学习的研究现状，如自主学习与学习策略的关系、策略教学方法以及国内外策略培养模式和常用的策略培训手段等。该书

将指导教育硕士（英语）和中小学外语教师有效地进行英语学
习策略教学。

　　《英语教学法》介绍和评述了外语教学法的主要流派，探讨
了英语教学法的理论基础，重点讨论了语音、语法、词汇三大语
言要素和听、说、读、写四项语言技能的教学方法以及外语教学
的评估与测试。该书还探讨了语言教学中的文化教学问题、教案
编写的方法以及教育资源与技术的开发和利用。该书旨在为教育
硕士（英语）和中小学外语教师提供教学理论支撑，使之能够
自觉地将教学理论和方法应用到教学实践中去。

　　"全国基础教育外语教师丛书"主旨明确、内容全面、结构
合理，与基础教育阶段外语教育教学实践密切联系，丛书的出版
对于提升基础阶段外语教师的理论水平和教学实践能力，对中小
学外语教师队伍整体素质的提高，对提高基础阶段外语教学质
量，必将起到积极的促进作用。

　　在此，我们衷心感谢武汉大学出版社的大力支持，特别感谢
武汉大学出版社谢群英女士对该套丛书的精心策划和悉心指导。

张庆宗

湖北大学外国语学院

2014 年春天

前　　言

　　语言是文化传播的媒介，是信息传播的载体，也是衡量一个国家软实力水平的重要指标。随着我国社会、经济的迅猛发展，随着国际间的交流与合作的日益增多，人们对高层次、高质量外语人才的需求也日益迫切，外语教育越来越受到重视。

　　教育部针对在小学阶段开设英语课程、课程的目的与要求、起始年级等问题进行了广泛的调研，决定从 2001 年起逐步以小学三年级为起点开设英语课程，启动课程改革。经过十多年的探索，英语课程改革取得突破性的进展。然而，在外语教育教学实践中，英语课程改革并没有在全国范围内得以全面、均衡地实施，尤其是在欠发达的农村地区，主要原因之一是外语教师数量严重不足。在调查和访谈中，我们得知许多学校的英语教师并非英语专业毕业，甚至有的英语教师根本就没有学过英语。这种状况严重地影响了中小学外语教学的质量。

　　2010 年 7 月，国家颁布了《国家中长期教育改革和发展规划纲要（2010—2020 年）》，纲要明确指出："教育大计，教师为本。有好的教师，才有好的教育。"加强教师教育，深化教师教育改革，提高教师培养质量是摆在我们面前的一项重要任务。教育质量的好坏取决于教师的素质。

　　虽然，我国中小学外语教师的整体水平不尽如人意，但教师都有成就动机，他们都有提高专业素养的愿望。他们也想成为优秀教师，但常常苦于得不到指导，不知从何做起。《如何成为优秀的外语教师》就是在这种背景下编写而成的。《如何成为优秀的外语教师》论述了优秀的外语教师应该具备的重要素质。笔者从教学心理的视角详细论述了优秀外语教师需具备的知识基础和教学能力，影响优秀教师成长的认知心理和情感心理，并指出优秀外语教师的专业发展路径。

　　本书共分为六章。第一章是绪论，简要介绍了基础阶段英语课程的目标、性质和教学理念，以及新课程标准对优秀英语教师在专业知识技能和教学能力、认知心理和情感心理、专业发展和研究能力等方面提出的要求。第二章论述了教师的知识基础，重点论述了优秀外语教师知识基础的构成：丰富的学科内容知识、一般的教学知识、外语课程知识、学科教学知识、学生及其发展特点、教育背景知识等。第三章论述了优秀外语教师的教学能力，如语言表达能力、外语教学知识和能力、开展英语教学活动的能力。第四章论述了优秀外语教师应具备的认知心理。教师要建立合理的教师信念体系，做好课堂教学的准备工作——教师计划，还要培养课堂决策能力。第五章论述了优秀外语教师应具备的情感心理。心理学研究表明，一个个体的成功，80%归因为他的情感因素所发挥的作用。笔者详细论述了教师动机、教师自我概念、教师教学效能感、教师期望、教师职业倦怠等因素对教师自身、对学生、对教学产生的影响。第六章论述了外语教师的专业发展。笔者介绍了教师专业发展的三大取向——理性取向、实践—反思取向、生态取向以及教师专业发展理论。笔者还论述了外语教师专业教育模式、教师成长目标、优秀外语教师应具备的专业研究能力和外语教师专业发展途径。

　　本书可作为研究生、教育硕士和广大外语教师的阅读文本，对他们有效地获得专业发展，快速成长为优秀教师具有一定的指导意义。

　　由于本人水平有限，书中有不当或错误之处，恳请各位专家、同行和广大读者批评指正，以便今后修订时改正和完善。

编　者

2014 年 1 月于武汉

目录
Contents

第一章　绪　　论

目前基础英语教育中存在着一些问题，我们发现学生普遍不喜欢学英语，视英语为拦路虎，并且，不少学生认为英语不重要，学不学无所谓。这与学生自身的语言基础薄弱、学习动机不强有关，也在很大程度上与外语教师的素养和教育教学有密切的关系。通过开展一系列不同层次、不同形式的外语教师师资培训，我们发现外语教师自身普遍存在着一些问题，主要表现在：成就动机水平较低、教学热情不高、对外语课程的重要性认识不够；外语专业知识欠缺、专业技能不足、不能有效地组织课堂教学等。有不少学校将英语视为副科，没有对英语课程给予应有的重视。更有甚者，在外语教师师资匮乏的地区和学校，随意安排一些没有学过外语的人来教外语，将外语教师专业化置之不顾。

外语学科是学校教育的重要组成部分，它不再是一门普通的课程。在世界经济全球化、科学技术迅猛发展、社会高度信息化的今天，外语学科在教育中的地位日益凸显。外语水平的高低是一个国家对外交往、强盛兴衰的重要标志。外语学科具有鲜明的特点，它与语文、数学等工具性学科明显不同。外语与语文虽然同属语言学科，在教学中都应该遵循语言教学规律，但事实上，外语教学与语文教学存在着很大的差异。首先，汉语是中国人的母语，在学校语文教育开始之前，学生已具备一定程度的汉语知识和理解、表达能力，能有效地吸收更多的语言知识，而在外语教学中，学生的外语语言能力十分有限，因而阻碍了学生对外语语言知识的吸入；其次，在语文课教学中，除了传授语言知识之外，还有丰富的人文知识和社会知识，学生的总体能力得到了提高，而在外语课堂教学中，教师要花费大量的时间讲授目标语语言知识，如讲解语言规则，除此之外，还要进行大量的语言操练，培养学生听、说、读、写等语言技能。

以学生的认知能力为例，学习者的认知能力与他们的知识水平应该是一个相互促进、良性互动的关系。但在外语课堂教学实践中，由于学生现有的外语水平十分有限，教师只能为他们提供一些低难度的、简单的语言信息输入，让学生自己反复进行操练。这种语言输入所涵盖的内容不可能对学生现有的认知水平形成挑战，不利于他们的认知发展。学生现有的发展水平与潜在发展水平之间存在着较大的"剪刀差"，从而影响他们认知能力的进一步发展。实质上，在外语教学实践中，教师忽视了客观知识形式如何内化、建构成学习者的心理图式，储存到认知结构中去，实用语言技能如何内化为学习者的语言能力，忽视了学习者在思维品质、学习方式、创新能力、审美情感、生活态度和价值观等方面的全面和谐发展。外语教育在学生的发展中没有起到应有的积极作用。那么，外语课程的目标和作用到底是什么？外语教育究竟向何处去？外语教师应该如何获得专业发展，成为优秀的外语教师？该书旨在与大家共同探讨，试图为以上问题找到答案。在基础教育阶段，许多学校开设的外语课程均为英语课，因此在本书中，"外语"与"英语"这两个术语通用。

第一节 英语课程的目标、性质和教学理念

2001 年 7 月，教育部正式颁布《课程标准》（实验稿）。经过一系列的义务教育新课程实验和骨干教师培训，《课程标准》（实验稿）的新理念和新方法在全国各地得以广泛传播。调研数据显示，全国各地教师和教研部门对《课程标准》（实验稿）的整体思路和内容的满意度在 85% 以上。2008 年，课程标准修订组在调研的基础上对《课程标准》（实验稿）进行内容研究与修

订工作。2011 年，课程标准修订组根据教育部从全国各地征求的关于对新修订的课程标准的意见和建议作了最后的修订，12月，教育部正式颁布了《义务教育英语课程标准》（2011年版），简称《课程标准》（2011 年版）。

《课程标准》（实验稿）把对学生的学习兴趣、态度和自信心的培养放在英语教育的首要地位，把形成学习策略和健全人格作为课程目的的重要组成部分。《课程标准》（实验稿）提出的课程基本理念是：面向全体学生，注重素质教育；整体设计目标，体现灵活开放；突出学生主体，尊重个体差异；采用活动途径，倡导体验参与；注重过程评价，促进学生发展；开发课程资源，拓展学用渠道。

一、英语课程的总目标

《课程标准》（实验稿）整体设计了小学、初中和高中的英语课程，将小学英语正式纳入国家课程。《课程标准》（实验稿）指出："基础教育阶段英语课程的总体目标是培养学生的综合语言运用能力。综合语言运用能力的形成建立在语言技能、语言知识、情感态度、学习策略和文化意识等素养整体发展的基础上。"《课程标准》（实验稿）特别强调要关注每个学生的情感，把学生的学习兴趣、态度和自信心的培养放在英语教育的首要位置上。《课程标准》（实验稿）阐释了综合语言运用能力五个方面的功能和他们之间的内在联系："语言知识和语言技能是综合语言运用能力的基础；文化意识是得体运用语言的保证；情感态度是影响学生学习和发展的重要因素；学习策略是提高学习效率、发展自主学习能力的保证。这五个方面共同促进综合语言运用能力的形成。"语言技能、语言知识、情感态度、学习策略和文化意识共同构成了英语课程的总体目标。

1. 语言知识与语言技能目标

《课程标准》（实验稿）明确了语言知识与语言技能的辩证关系，在面对"语言本身"和"使用语言的人"这两个因素上，把立足点放在人上，更加重视面向"使用语言的人"；在"语言形式"和"语言意义"两个方向上，把侧重点放在意义上；在词汇语句和语篇这两个基本单位上，更加关注语篇。

学生掌握一定的语言知识和技能是基础教育阶段英语课程的基本目标之一。语言知识包括语音、词汇、语法、功能和话题五个方面的内容。语言技能主要包括听、说、读、写等方面的技能以及这些技能的综合运用能力。语言知识是语言运用能力的重要组成部分，是发展语言技能的重要基础。

对于知识与技能目标的确定，教师要依据教材的教学内容与不同课型，如听说课、语法课、阅读课、复习课、综合课、实践课等来设计相应的知识与技能目标。

2. 情感态度目标

《课程标准》（实验稿）明确提出了"情感态度"的概念，并系统地阐述了"情感态度"的内涵："情感态度指兴趣、动机、自信、意志和合作精神等影响学生学习过程和学习效果的相关因素以及在学习过程中逐渐形成的祖国意识和国际视野。"《课程标准》（实验稿）还进一步强调："保持积极的学习态度是英语学习成功的关键。教师应在教学中不断激发并强化学生的学习兴趣，并引导他们逐渐将兴趣转化为稳定的学习动机，以使他们树立自信心，锻炼克服困难的意志，认识自己学习的优势与不足，乐于与他人合作，养成和谐和健康向上的品格。通过英语课程，使学生增强祖国意识，拓展国际视野。"《课程标准》（实验稿）首次把情感态度纳入到课程目标组成部分，对日常教学培养学生的情感态度提出了具体的目标要求。

英语课程教学设计要包含情感态度目标的设计，精心设计教学内容，使其有助于学生积极参加课内外语言学习活动、提高学习效率，克服影响语言学习困难的消极情感。同时，让学生在学习语言材料的过程中体验到人类美好的情感、态度和价值观，从而提高学生的认知效能、情感水平和需要层次，不断培养高尚的品德和塑造健康的人格，促进其全面和谐发展。

3. 学习策略

《课程标准》（实验稿）将英语学习策略纳入课程目标体系，将"学习策略"作为综合语言运用能力的五个方面之一，提出了"学习策略"的定义：学习策略指学生为了有效地学习和使用英语而采取的各种行动和步骤，以及知道这些行动和步骤的信念。学习策略主要有：认知策略、调控策略、交际策略和资源策略。具体内涵如下："认知策略指学生为了完成具体学习任务而采取的步骤和方法；调控策略指学生对学习加以计划、实施、反思、评价和调整的策略；交际策略是学生为了争取更多的交际机会、维持交际以及提高交际效果而采取的各种策略；资源策略是学生合理并有效利用多种媒体进行学习和运用英语的策略。"

发展学习策略有助于学生提高学习效率，也有助于学生形成自主学习的能力，为终身学习奠定基础。

4. 文化意识

《课程标准》（实验稿）提出了文化意识的概念，并界定了文化的内涵："文化是指所学语言国家的历史地理、风土人情、传统习俗、生活方式、行为规范、文学艺术、价值观念等。"在此基础上，《课程标准》（实验稿）明确提出了"文化意识"的三个方面的内容，即文化知识、文化理解、跨文化交际意识和能力。

《课程标准》（实验稿）将培养学生的文化意识定位为英语教学的目标之一，要求教师"根据学生的年龄特点和认知能力，逐步扩展文化知识的内容和范围……帮助学生拓展视野，使他们提高对中外文化异同的敏感性和鉴别能力，进而提高跨文化交际能力"。对目的语文化的了解与理解有益于对目的语的理解和使用，有益于加深对本国文化的认识与热爱，有益于培养世界意识。明确文化意识是综合运用语言能力的五个基础之一，对教学具有指导意义，具体表现如下：中小学英语的课程内容增加了目的语国家的文化知识；中小学英语的课程内容增加了华夏文化知识的传播；教师在教学中能广泛搜集并应用目的语国家和我国文化传统的知识；教师能充分注意到跨文化交际中可能发生的用语失误。

二、英语课程的性质

《课程标准》（2011 年版）首次明确提出了英语课程"具有工具性和人文性双重性质"。英语课程的性质为："英语课程的学习，既是学生通过英语学习和实践活动，逐步掌握英语知识和技能，提高语言实际运用能力的过程，又是他们磨砺意志、陶冶情操、拓展视野、丰富生活经历、开发思维能力、发展个性和提高人文素养的过程。"前半部分体现了课程的工具性特征，要发展学生运用英语的能力；后半部分则充分阐释了英语课程的人文性特征，即课程对于学生的情感、思维、个性、人文素养等方面发展的促进作用。

就其工具性而言，英语课程承担着培养学生基本英语素养和发展学生思维能力的任务，即学生通过英语课程掌握基本的英语语言知识，发展基本的英语听、说、读、写技能，初步形成用英语与他人交流的能力，进一步促进思维能力的发展，为今后继续学习英语和用英语学习其他相关学科文化知识奠定基础。

就其人文性而言，英语课程承担着提高学生综合人文素养的任务，即学生通过英语课程能够开阔视野，丰富生活经历，形成跨文化意识，增强爱国主义精神，发展创新能力，形成更好的品格和正确的人生观与价值观。

《课程标准》（2011 年版）将这一课程性质明确提出来，对深化课程改革、巩固课程改革的成果具有十分重要的意义。要实现英语课程的人文性与工具性的统一，就需要教师在具体的教学过程之中，通过教学活动发展学生的语言能力、思维能力，丰富学生的生活经历，促进积极的情感态度、良好的个性品格、开放的心理的形成。工具性和人文性统一的英语课程有利于为学生的终身发展奠定基础。

三、英语课程的教学理念

《课程标准》（2011年版）提出了新的英语课程理念，为实现义务教育英语课程的目标和任务奠定了理论和实践的基础。它们分别是：注重素质教育，体现学习对学生发展的价值；面向全体学生，关注语言学习者的不同特点和个体差异；整体设计目标，充分考虑语言学习的渐进性和持续性；强调学习过程，重视语言学习的时间性和应用性；优化评价方式，着重评价学生的综合语言运用能力；丰富课程资源，拓展英语学习渠道。

1. 注重素质教育，体现学习对学生发展的价值

这一理念首先明确了英语课程的基本定位，即英语教育要促进学生素质的全面发展。学习英语的目的不是单纯为了记忆一些英语单词，或者学习一些英语的语法知识，或者发展用英语与他人进行交流的能力。语言学习对学生的发展具有多方面的价值。英语课程不仅要培养学生的语言能力，还要提高学生人文素养。要通过英语课程促进学生的心智发展，引导学生认识不同的文化、体验不同的语言、了解多样的世界，在体验中外文化的异同中形成跨文化意识，增进国际理解，了解和体会祖国文化的博大精深，使学生成长为既有民族尊严、又有国际意识的公民，为形成正确人生观和价值观奠定基础。因此，英语课程要以提高学生的综合人文素养为目标，帮助学生在学习和体验英语的过程中形成初步的综合语言运用能力，提升学生的思维能力，养成主动学习的习惯，形成良好的个性品格和创新意识，从而全面提高综合素质。

2. 面向全体学生，关注语言学习者的不同特点和个体差异

这一理念体现了课程实施的指导思想，即英语教学要以学生为主体。英语课程要面向全体学生，在教学目标、教学内容、教学过程、教学评价和教学资源的利用与开发等方面都应考虑全体学生的发展需求。帮助每个学生完成课程的学习任务，使英语课程成为学生在教师的指导下构建知识、发展技能、拓展视野、活跃思维、发展个性的过程，努力使每个学生都能符合课程的基本要求。

在面向全体学生的同时，教师还要关注学生与学生之间的差异，这些差异可能导致学生的学习基础、学习兴趣、认知方式、学习习惯以及学习方式和特点等方面的不同。教师需要关注和尊重个体差异，在教学中努力满足不同学生的学习需求，只有最大限度地满足个体需求才有可能获得最大化的整体教学效益。

3. 整体设计目标，充分考虑语言学习的渐进性和持续性

这一理念突出了语言学习具有渐进性和持续性特点，强调了课程的设计与实施必须体现语言学习的规律。语言能力的形成需要一个相对长期的积累、练习、实践和运用的过程，因此，课程的设计和实施都必须遵循语言学习的渐进性和持续性的规律。国家英语课程对从小学三年级到高中三年级进行了九个级别的整体设计，旨在体现小学、初中和高中各学段课程的有机衔接和各学段学生英语语言能力循序渐进的发展特点，保证英语课程的整体性、渐进性和持续性。英语课程应按照学生的语言水平及相应等级要求组织教学活动和评价活动。要解决好学段之间的衔接，教师要特别注意按照学生的语言水平组织教学和评价活动，并给予各个学段的学生在学习成效上的合理期待和有效帮助。

4. 强调学习过程，重视语言学习的实践性和应用性

这一理念强调了语言学习不仅应关注学习结果，更应关注学习过程，强调语言学习的实践性。语言学习具有很强的实践性和应用性特点，这两个特点决定了语言学习不应是一个对英语语言知识体系的学习，不应是靠单纯的讲解和记忆进行学习的。但英语教学长期存在这种重视语言知识、忽视语言运用的倾向，容易忽视语言学习对人的发展的多方面的作用。这样的教学不仅单调乏味，也收效甚微。因此，在教学过程中，教师要注意激发学生积极的学习情感，帮助他们发展有效的学习策略，使他们逐步建构起综合语言运用能力。英语课程提倡采用既强调语言学习过程又有利于提高学生学习成效的语言教学途径和方法。教师要根据学生的实际语言基础，选择恰当有效的教学方式，尽可能多地为学生创造在真实语境中运用语言的机会，引导和鼓励学生通过体验、实践、参与、探究和合作等方式，发现语言规律，逐步掌握语言知识和技能，在使用语言的过程中加深对语言的理解，提高运用语言的能力。

5. 优化评价方式，着重评价学生的综合语言运用能力

课程评价的方式直接影响课堂教学方式的转变。长期以来，应试教育占据了学生课内外学习的大量时间，考试成绩成为评价学生和评价教师教学的主要标准。即使学生考试过关，仍然缺乏实际语言运用能力，离课程目标和要求相差甚远。新课程的评价理念提出要优化评价方式，把评价的重点放在促进学生综合语言运用能力的发展上，这就强调评价要有利于促进学生建构扎实的语言基础，有利于学生发展综合语言运用能力，并使学生在学习过程中发展积极的学习情感、有效的学习策略和跨文化交流的意识，促进学生的自主学习能力和健康人格的发展。因此，教师要采用科学、合理的评价方式和方法，对教学过程和教学结果进行及时、有效的监控和评价。评价体系应包括形成性评价和终结性评价。在教学过程中，应以形成性评价为主，强调评价学生在学习过程中的表现，如学习成绩、学习态度和参与程度等。终结性评价着重检测学生的综合语言运用能力。尽可能保证评价主体多元化，既有教师评价，也应有学生间的评价和学生的自我评价，还可以邀请家长参与评价。评价的形式也可以多样化，既可以采用传统的纸笔考试，也可以采用与课堂教学活动相近的方式进行。

6. 丰富课程资源，拓展英语学习渠道

现代教育技术的发展为英语课程提供了丰富的资源，也为学生学习和使用语言提供了多种途径和渠道。语言学习需要大量的输入，丰富多彩的课程资源对英语学习尤其重要。教师应根据课程的需要、学生的需求和学校实际条件，选择和利用现有的教学资源和现代教育技术，如音像、广播、电视、英语报刊、图书、远程教育等，拓展学生学习和运用英语的渠道。需要注意的是，教师在运用多媒体手段时，要注意目的性、恰当性、合理性。多媒体的使用不能替代师生课堂上真实的语言交流、思维碰撞、情感互动和人际交往活动。在利用现代教育技术的同时，教师也要注意发挥传统的教学手段和教学资源的作用，如黑板、卡片、挂图、实物等，提供有利于学生观察、模仿、尝试、体验真实语言的语境，尽量使教学过程更为直观、生动、形象。教育资源和技术手段使用的目的是为学生学习创设真实和鲜活的语境，提供丰富的语料，从而提高学生的英语学习成效。

总之，英语新课改的根本任务是：全面贯彻党的教育方针，调整和改革基础教育的课程体系、结构、内容，构建符合素质教育要求的新的基础教育体系。新课程改革的特点是：转变课程的功能，即从单纯注重传授知识改变为引导学生积极主动的学习；改变课程的结构，即从过于强调学科本位、科目过多和缺乏整合的课程结构改变为与社会实践活动紧密联系的综合课程；改变"繁、难、偏、旧"的课程内容为与学生的经验紧密结合的新知识、新概念；改变学生学习的方式，即从接受式的学习改变为积极主动的学习方式；改变教育评价体系，即从甄别和选拔式的评价体系改为要促进学生全面发展的评价体系；改变课程管理制度，即从过于集中的国家统一管理制度改为国家、地方、学校三级课程管理制度。

第二节 英语课程标准对英语教师的要求

《课程标准》（实验稿）提出了教师"反思"和"具有创新精神的研究型教师"的理念。近年来，"教师发展"逐渐取代了"教师培训"和"教师教育"等概念。教师发展指教师在智能、经验以及教学态度上不断成长的过程。教师发展的提出标志着我国教师专业化的进程又向前迈进了一大步。教师发展更加强调教师的自主性，强调在"教育"的基础上，教师要主动反思自己的教学过程，评价自己的教学效果，以促进自身的发展。教师自主发展是教师终身学习的动态过程，有效的教学反思是自主发展的主要机制，教师的自主与反思是教师专业发展的主要途径。

外语教育的特殊性和英语课程改革对教师提出了更高的专业要求，这些专业要求可以大致概括为三个方面：教师要有广泛的专业知识；教师要有全面的教学技能，其中包括课程设计技能、教学技能与实施技能和课堂教学掌控技能；教师还应有专业研究能力。当前中小学英语教师的总体情况尚未达到课程标准提出的专业要求，具体表现在：英语教师师资匮乏，教师工作负荷太重，教师参加在职培训机会不多，教师的英语素养亟待提高等方面。外语教师如何获得专业发展、快速成长为优秀的外语教师是广大外语教师值得深思的问题。

一、对教师专业知识技能和教学能力的要求

新课程标准对教师的专业知识和专业技能提出了新的要求。因此，外语教师要注重提高自身的专业水平，努力适应英语课程对教师提出的要求。首先，教师要不断学习和更新外语学科专业知识，掌握语言知识，学习语言学、文学、文化等相关知识，提高语言素养；其次，外语教师要注重提高自身的专业技能。作为一名外语教师，不仅要掌握扎实的外语语音、词汇、语义、语用等方面的知识，还要具备较高的听、说、读、写、译等专业技能。

新课程标准对教师的教学能力提出了新的要求。因此，教师要学习学科教学知识，学科教学知识是教师实际教育教学能力的知识表征。教师要学习教育学、心理学等学科知识，熟悉教学组织的步骤和基本的教学原理，掌握教学技能和方法，提高教学实践能力，有效地向学生传授专业知识、培养学生的专业技能。

二、对教师认知心理和情感心理的要求

新课程标准对教师的认知心理和情感心理提出了新的要求。

因此，外语教师要增强自我认知意识，了解自身的认知特点和认知结构，建立更加合理的教师信念，制定切实可行的教学计划，提高课堂决策能力，有效组织课堂教学。

同时，教师要有健康向上的情感心理，积极的教师情感是驱使教师行为的动机。教师动机、教师自我概念、教学效能感、教师期望、教师职业倦怠是体现教师情感心理的几个重要因素。教师要发挥积极情感心理的作用，以饱满的工作热情和良好的精神状态投入到工作中；降低负面情感心理，如职业倦怠等给教育教学生活带来的消极影响。

三、对教师专业发展和研究能力的要求

新课程标准对教师的专业发展和研究能力提出了新的要求。外语教师不能仅停留在课堂教学上，还要关注个人专业发展和培养专业研究能力。因此，教师要增强专业自我意识和教学反思意识，不断开展教学反思，不断学习，获得专业发展。同时，通过学习和反思，增强专业研究能力。从行动研究做起，研究在教学中遇到的问题，找出解决问题的方法，做到教学引发研究、研究反哺教学，教研相长，促进自身专业发展和提升研究能力，做一位研究型教师。

如何通过教师专业发展使得教师快速成长并成为优秀的外语教师是社会关注的焦点，也是基础英语教育的需要。优秀教师的品质和素养是由多方面的特质所决定的，有教师知识基础，有教学能力和教学策略，有教师专业发展，有认知因素，也有情感因素等。这些要素将在以下章节逐一进行论述。

第二章 外语教师的知识基础

第一节 教师知识基础

一、教师知识基础概述

教师应具备专业知识和基础，这是成为合格教师的前提。20世纪 80 年代，Shulman（1987）将教学的知识基础分为学科知识（subject matter knowledge）、一般教学法知识（general pedagogical knowledge）、课程知识（curriculum knowledge）、学科教学知识（pedagogical content knowledge，PCK）、有关学习者的知识（knowledge of learners）、教育情境知识（knowledge of educational context）以及其他课程的知识（knowledge of other curricula）。

其中学科教学知识（PCK）尤为重要，是教师教学专长的一个重要的特征，是最能区分学科教师与学科专家的知识领域。学科教学知识是以学生易于理解的方式重新表征的学科知识，具体表现为教师知道怎样使用讲解、演示、举例、类比等呈现学科教学总体目标与内容、学科教学手段与策略、学生的学科理解、学科课程与教材等。学科教学知识的本质表现在三个方面：第一，学科教学知识是关于特定学科的内容，它区别于一般意义上的教学法，如课堂管理、教育目标等；第二，学科教学知识是关于教师在教学中如何将自己对学科知识的理解转化为学生容易理解的学科知识；第三，学科教学知识是一种植根于课堂实践的不同类型知识的整合，是教学能力的一个重要体现。由此可以看出，学科教学知识来源于学科知识和教学法知识，但又大于这两种知识的简单相加。Marks（1990）曾形象地指出学科教学知识是一般教学法与学科知识的后代，如同一个孩子产生于父母双方，但又与每一方有差别。

从学科教学知识的有关研究来看，教师的学科教学知识的学习顺序如下：教师首先必须掌握学科教学知识的具体知识，如关于学生的知识、课程的知识等；然后开始在教学中尝试运用，再到熟练运用；最后发展至能够在某种特定的教育理念指导下，灵活运用学科教学法知识。

学科教学知识，自从 20 世纪 80 年代提出以来，研究取得了很大的进展。一方面，在教师认知心理学领域，开出了"学科教学识知"（pedagogical content knowing）和"学科教学建构"（pedagogical content constructions）两大方向。另一方面，各个具体科目的教育学知识相应迅速出现，主要有科学学科教学知识、数学学科教学知识、英语学科教学知识的发展等。这些既为教师提供了新的知识基础，又为教师教育课程改革提供了参考框架，还为教师专业发展开辟了专业研究的新途径。

Grossman（1990）指出，上述每一种知识都存在两种性质：一是范式型知识，即理论知识；二是个人叙述型知识，即实践知识。教师的个人实践知识具有以下特征：（1）情境性：实践知识产生于特定的教学情境，是特定教师在特定教学环境中将特定学科内容传授给特定教学对象的过程中所形成的知识；（2）个人性：带有教师的个人背景和独特特征；（3）缄默性（tacit）：不以明晰的命题来表述，而投射在叙事、隐喻和行为中；（4）内容特定性：与教师所教的专门学科相联系。教师不仅要有可以通过直接教学获得的一般性的专业知识，而且要在自己的专业实践活动过程中不断获得实践知识。个人实践知识有助于教师重构过去与未来以至于把握现在。

在对"专家型教师——新手教师"的研究中发现，专家型教师的知识有三个方面的特征：一是专家的知识是专门化的，而且限于特定的领域；二是专家知识是有组织的；三是专家的知识大部分是缄默的知识。这种缄默的知识是难以形式化和通过他人的直接教学来获得的，而只能由当事者本人在特定领域内完成任务的经验中去构建或创造。

　　教师要完成教学活动，需要一定的知识和能力。表 2.1 为我们描述了中学优秀教师各种特殊能力形成的时间（王邦佐等，1994）。从该表中可以看出，中学优秀教师各种能力在入职后得到了较大幅度的提高，说明了教师专业持续发展的重要性。

表 2.1　　中学优秀教师各种特殊能力形成时间的分布表

各种特殊能力	大学前（%）	大学期间（%）	职后（%）
对教学内容的处理能力	18.95	12.63	68.42
运用教学方法和手段的能力	21.65	12.37	65.98
教学组织和管理能力	19.59	11.34	69.08
语言表达能力	34.69	20.41	44.90
教学科研能力	18.18	11.11	70.71
教育机智	19.19	11.11	69.70
与学生交往能力	21.43	10.21	68.37
平均	21.95	12.74	36.31

二、教师知识基础分类

　　教师知识是国外教师研究中开始较早的研究领域之一。早期的教师知识研究，多是在"过程—结果"研究范式下进行的，注重寻求与学生成绩或成绩提高之间有意义相关的教师知识，而不关心教师知识的结构和维度。Shulman（1987）指出以往研究实际上忽视了教师知识，并提出了教师知识概念框架。Shulman 指出教师知识概念框架包括学科知识，一般教学知识，课程知识（curriculum knowledge），学科教学知识，有关学生者知识，教育情境知识以及其他课程的知识，丰富了教师知识的内容，确定了教师知识的地位。该框架在教师知识研究领域具有很大的影响力。

目前具有代表性、影响较大的教师知识分类归纳如下见表 2.2（叶澜等，2001）：

表 2.2　　　　　几种有代表性的教师知识分类

研究者	教师知识分类
Shulman (1986)	1. 教材内容知识（subject matter knowledge）；2. 学科教学法知识（pedagogical knowledge）；3. 课程知识（curricular knowledge）；4. 一般教学法知识（general pedagogical knowledge）；5. 有关学习者的知识（knowledge of learners）；6. 教育情境知识（knowledge of educational context）；7. 其他课程的知识（knowledge of other curricula）
Berliner (1989)	1. 学科内容知识（content knowledge）；2. 学科教学法知识（pedagogical content knowledge）；3. 一般教学法知识（general pedagogical knowledge）
Grossman (1994)	1. 学科内容知识（knowledge of content）；2. 学习者和学习的知识（knowledge of learners and learning）；3. 一般教学法知识（knowledge of general pedagogy）；4. 课程知识（knowledge of curriculum）；5. 情境的知识（knowledge of context）；6. 自我的知识（knowledge of self）
Borko & Putnam (1996)	1. 一般教学法知识（general pedagogical knowledge）；2. 教材内容知识（subject matter knowledge）；3. 学科教学法知识（pedagogical content knowledge）

续表

研究者	教师知识分类
Calderhead (1996)	1. 学科知识（subject knowledge）；2. 机智性知识（craft knowledge）；3. 个人实践知识（personal practical knowledge）；4. 个案知识（case knowledge）；5. 理论性知识（theoretical knowledge）；6. 隐喻和映像（metaphors and images）

从以上列举的几种教师知识分类中，可以看到教师知识类别的多样化和分类体系的多样化。因此，作为一名专业教师，应该具备学科专业知识和教学法知识，并且要实现二者的融合并体现个人特征。根据以上分类，可以把教师知识分为普通文化知识、专业学科知识、一般教学法知识、学科教学法知识和个人实践知识等几个方面。

第二节 外语教师知识基础

教师知识直接指导教师的课堂教学实践活动，教师知识的水平影响教师的课堂教学行为和学生学习的质量。教师知识是一个复杂的体系，是在教学实践中不断形成和发展的。教师知识的建构和完善是一个终身学习和发展的过程。

优秀教师应该具备扎实的知识基础，优秀的外语教师亦是如此。外语教师的知识基础是教师能有效开展教学活动的前提。优秀的外语教师应具有丰富的学科内容知识，应熟悉一般的教学知识，应掌握外语课程知识，应能熟练运用学科教学知识，应了解学生及其发展特点，应有教育背景知识，应有教育宗旨、目的、价值及哲学、历史背景的知识。以下将从七个方面逐一论述。

一、外语教师应具备丰富的学科内容知识

学科知识包括某一学科的事实、概念、规则、原理等。作为

一名外语教师，不但要掌握目标语言，在课堂上使用目标语言，更要有能力在教学中解释语言现象。解释语言的能力取决于对语言系统知识的了解与掌握程度，如能否顺利地实施言语行为或语言功能。美国的 TESOL 组织提出 TESOL 教师应具备以下语言知识：语音学/音位学、词汇学、形态学/句法学/语法、语篇分析、文章结构、语体学、语义学、语用学、社会语言学、文章体裁分析、素材语言学，包括语言变体的世界英语等。教师如果不熟悉、不了解学科内容知识，即使有丰富的学科教学知识和娴熟的教学技能，也无法做到让学生认识、领会、应用所学内容。Shulman（1987）在提出教师的知识基础时，曾强调学科知识是教师应该掌握的核心知识。

二、外语教师应熟悉一般的教学知识

一般教学知识指如何教的知识，包括如何激发学生的动机，如何有效地进行课堂教学和管理课堂，如何设计与实施测试和评估等。一般教学知识主要有三个要素：教学环境设计、课堂管理与组织、执行教学。教学环境是影响教师有效教学与学生有效学习的外部因素，在教学中，教师所处的位置、学生所坐的位置、学生之间的人际距离、教师与学生的人际距离等都会影响教学与学习的有效开展。课堂管理与教学是相互联系、相互影响的。一方面，课堂管理影响教学。良好的课堂秩序有助于教学的顺利进行，相反，课堂纪律涣散，势必导致学生注意力不集中，影响课堂教学。另一方面，好的教学也会对课堂管理起到潜移默化的促进作用。执行教学一般在班级教学、小组教学与个别化教学三种模式中实现。

外语教师要学习教育学、心理学和教育心理学等学科知识，例如，如何组织教学，如何管理班级、管理课堂，如何与学生进行有效的沟通等，用教学理论来指导教学实践。遵循学科知识规律和与学生身心发展规律，是教育教学的两个基本原则。必要的教育学、心理学知识有助于教师掌握学科认识规律和学生的身心发展特点与规律。

三、外语教师应掌握外语课程知识

外语教师要掌握所教课程的知识，具体来说，要掌握教学目标、课程教学大纲、教学计划、教材和其他教学资源、课程评估等方面的知识。教学目标对教学起着引领作用，教学大纲对教学内容起着规约作用。外语教师要认真学习新课程标准，正确解读外语教学目标，明确英语课程的目的和性质，制定具有操作性强的课程教学大纲和教学计划，合理使用教材和其他教学资源，并对课程进行有效的评价。

四、外语教师应能熟练运用学科教学知识

学科教学知识指与具体内容有关的教学法知识，指如何专门针对具体要教的内容施教的知识。Shulman（1987）强调应将教师的学科知识与教学法的知识结合起来，即将特定的主题或问题进行组织与重新表征，以适应学习者的能力与不同的兴趣需要。可以看出，学科教学知识远远超出了学科知识的范畴，反映了特定内容的学科知识与一般教学法的整合。从本质上看，教学就是教师将学科知识转化为学习者可以理解的学科知识的一种活动，而学科教学知识正是体现教师职业独特性的一种知识。学科教学知识被教育界普遍认为是最核心的教师知识。

外语教师要熟悉外语教学流派，掌握一定的外语教学方法和技巧，有效地向学生传授学科知识。外语教学流派主要分为结构派、功能派和人文派。结构派以行为主义心理学和结构主义语言学为理论基础，主张语言结构是语言教学的主要内容，主要有语法翻译法、直接教学法、听说教学法、视听教学法和认知教学法。功能派以语言交际意念项目为纲，以培养语言交际能力为教学目的，强调语言是交际的工具。功能派教学法主要有交际教学法和活动教学法。人文派教学法的出现主要受人本主义心理学的影响，强调在教学过程中，教师要关注学生的情感世界，营造良

好的外语学习氛围，减少学生的压力和焦虑程度。人文派教学法主要有全身反应法、沉默法、暗示法和社团语言学习法。

根据不同的教学目标，不同的学习需求，教师采用不同的教学方法。在讲解某一主题时，教师通过解释、演示、举例与类比等表征方式，有效地开展教学活动。教学技能是语言教师的核心能力，是对语言教师进行评估的基本条件之一。在英国，获得第二语言教学资格的教师必须具备以下教学技能：（1）具备交际互动活动的能力（如小组活动、游戏、角色扮演、模仿）；（2）对交际互动活动的组织与促进能力；（3）对流利度与准确性之间做出适当平衡的判断力；（4）意识到学生错误的能力；（5）适当处理错误的能力（Richards，1998）。

五、外语教师应了解学生及其发展特点

外语教师要充分了解学生的学习需求，开展教学之前要对学生做全面的需求分析（needs analysis），了解学生的认知特点和个体差异，及其这些个体差异对外语学习的影响。教师只有充分了解学生的特点和个体差异，才能做到因材施教，有的放矢，有效地实施外语教学。具体来说，影响外语学习的个体差异因素主要包括：生理因素、认知因素、情感因素、社会文化因素等。

1. 生理因素

生理因素主要指年龄和大脑成熟等对语言学习的影响。从母语习得研究来看，学习者如果超过了一定的年龄，即使有语言环境也很难顺利地习得一种语言，对"狼孩"以及其他脱离人类正常生存环境至一定年龄而未能习得人类语言的研究证明了这一点。在外语学习中，与年龄密切相关的关键期假说认为，习得语言的关键期是2岁至发育期。在关键期内，儿童的大脑具有可塑性，能较容易地习得语言，这时语言的理解和产生涉及大脑的两个半球，整个大脑都参与语言学习，所以吸收的语言信息就快些，习得就容易些。过了关键期，语言习得会变得越来越难。这是因为青春期到来之后，人们大脑机能发生了单侧化

（lateralization），即某些功能偏向左半球或右半球，语言功能主要集中在左半球，右半球的语言功能逐渐减弱。同时，大脑已经发育成熟，左脑负责语言处理的神经协调机制的自动化能力就会减弱，神经系统不再具有可塑性，这样学习语言就比较费力且成效不显著。

大脑的成熟为语言习得奠定了一定的生理基础，大脑机能的发展也随着个体掌握语言和言语能力的发展而逐渐完善起来。

2. 认知因素

认知是指人认识外界事物的过程，是对作用于人的感觉器官的外界事物进行信息加工的过程。它包括感觉、知觉、记忆、思维等心理现象。在外语学习中，影响学习者的认知因素主要有语言学能、认知方式和学习策略等。

语言学能是一种综合能力，影响语言学习，并对语言学习有预测力。语言学能像智力一样，是与生俱来的认知能力，在人的一生中相对稳定。语言学能具有普遍意义，即无论学习哪一门外语，学能的影响都是一样。无论操哪种母语，外语学能的个体差异都是存在的。语言学能不是二语习得的先决条件，但作为一种能力，语言学能有助于提高外语学习的速度和降低学习的难度，具有不同语言学能的人学习二语的速度不同、效果不同。

认知风格指学习者在信息加工时（包括接收、储存、转化、提取和使用信息）所习惯采用的不同方式。它的主要特征包括：①持久性，即在时间上是一个相对稳定的过程。②一致性，即在完成类似的任务时始终表现出这种稳定性。具有不同认知风格的学习者在语言学习中往往采用不同的方式，而最终影响学习成效。对外语学习影响较大的认知方式有场独立和场依存、反思型和冲动型、聚合式思维和发散式思维、视觉型和言语型、歧义容忍和歧义不容忍等。教师在教学中要尽量采用多种不同的教学手段，以适应学生不同的认知风格，根据学生不同的认知特点进行因材施教才能取得良好的教学效果。

语言学习策略是语言学习者为促进语言学习而采用的特定的

行为和技巧，与外语学习成效密切相关。语言学习策略主要分为认知策略、元认知策略、情感策略和交际策略。认知策略指学习者为了更有效地识别、理解、保持和提取信息而采取的策略。认知策略与语言学习材料有着直接的联系，往往被运用于具体的学习活动之中。元认知策略指学习者在学习过程中有意识地计划、组织、控制、评价自己的学习活动等所采取的措施。大量研究表明，元认知策略对学习有着最直接的影响。在语言学习过程中，学习者使用元认知策略确定和调整学习目标、选择学习方法和技巧、对学习结果进行评价和反思等。情感策略指学习者用来规范和管理情绪、情感的方法。在外语学习过程中，情感策略能调控情感、动机和态度（如减少焦虑、自我鼓励、寻求帮助等），其重要性实际上并不亚于认知和元认知策略。交际策略指学习者在使用语言进行交际时，为了保证交际有效地进行而采取的各种策略。例如，解释、借用、求助、手势语和回避等。

3. 情感因素

情感是人对客观事物是否满足自己的需要而产生的态度体验。在学习情境下，情感指学习者在学习过程中的感情、感觉、情绪、态度等，情感状态在很大程度上影响学习者的学习行为和学习结果。情感心理是人格发展的一个重要方面，语言教育与其他学科一样，也应该以促进人的全面发展为目的，关注学生的情感心理，培养学生积极、健康、向上的情感心理。使学生在外语学习中最大限度地发挥情感因素的积极作用，降低某些情感因素的消极作用，以增强学习成效。影响外语学习的情感因素主要有动机、动机归因、自我效能、自我概念、自尊、焦虑等。

4. 社会文化因素

社会文化是影响学生心理发展的重要的环境因素。社会文化由物质文化、精神文化和行为文化构成。在外语学习中，社会文化因素主要有语言态度、文化适应和社会距离/心理距离等。社会文化差异对外语学习者来说尤为明显，在不同程度上影响着外语学习的过程和结果。

语言态度指不同语言或语言变体的说话者对他人的语言或自己的语言所持有的态度。对语言表示出的积极或消极的看法可以反映语言的难易度、语言学习的难易度、重要性、语言品位、社会地位等。语言态度还可以反映人们对说这种语言的人的看法。

文化适应指个体从当初所熟悉的母体文化进入异质文化后产生的行为变迁和适应过程，是某一个个体的语言、文化和价值观因与另一文化相接触而发生的顺向变化。因而它是再社会化过程中一种他文化适应或外文化适应。

社会距离指学习者社团相对于目的语社团而言的地位，或学习者被目的语社团容纳并与之接触的程度。

心理距离指学习者个人对目的语及其社团的总体心理感受，它与个体学习者对学习任务的适应程度有关。

六、外语教师应具有教育背景知识

教育背景知识指所在教育机构、学校管理、班级活动、社区与地域文化的特点等方面的知识。语言教学所处的环境必定会对语言教学产生影响，具体表现在语言政策、语言教育政策、社会文化因素等方面。外语教师应当了解国家的教育宗旨、教育目的，了解国家制定的外语教育目的、目标等。按照《教育法》的规定，我国现阶段的教育目的是"培养学生的创新精神和实践能力，造就有理想、有道德、有文化、有纪律的德、智、体美等方面全面发展的社会主义事业的建设者和接班人"。外语教师要充分认识到，在各级各类学校，无论是培养劳动后备力量，还是培养各种专门人才，都需要使学生在德、智、体、美等方面得到全面发展。2010 年 7 月颁布的《国家中长期教育改革和发展规划纲要》（2010—2020）再次强调了我国的教育目的："全面贯彻党的教育方针，坚持教育为社会主义现代化建设服务，为人民服务，与生产劳动和社会实践相结合，培养德智体美全面发展的社会主义建设者和接班人。"

第三章 外语教师的教学能力

第一节 教师的语言表达能力

一、教师的语言表达能力

教师语言是指教师在把知识、技能传授给学生的过程中使用的语言，它是教师传递教学信息的媒介，是一种教育行业的工作用语。教师较强的语言表达能力是教学技能的核心部分，是教学成功的必要条件，在很大程度上影响着学生的语言表达和思维发展，并决定学生的学习成效。

1. 英语教师口语

教师口语是凭借语音来传递信息、交流思想和情感的一种言语形式，是教学信息的载体，是教师完成特定教育、教学任务的主要工具。英语教师口语是英语教师在开展课堂教学时使用的口语。教师在教学中要尽可能多地用英语来组织教学，将英语贯穿于各个教学环节中。英语教师口语既是教师组织教学的工具，又是教学的内容。当学生对教师口语做出反应和判断时，他首先必须认真听讲，在短时间内加以理解，将英语学习和运用结合起来。

英语教师口语主要有以下特征（邹为诚，2008）：

（1）结构简单：大都采用简单句，尤其是祈使句。如"Let's begin our class." "Read after me." "Are you ready?"

"Listen and repeat. "

（2）意思简明：从以上的例句可以看出，句子所传达的意思都非常简单明确，一般不会产生歧义。

（3）功能丰富：教师口语中应包含多种类型的语言功能，如描述、指令、建议、邀请、请求、劝告、解释和说明等。表达同一种功能也可以使用不同的句型结构，如祈使句（Sam, close the window. ）、疑问句（Sam, could you close the window?）和陈述句（Sam, I want you to close the window. ）。

英语教师在使用课堂口语时应注意以下问题：

（1）语音和语调：由于中小学生判断正误的能力较弱，只知道一味地模仿教师的语音和语调。如果教师的语音、语调不准确，势必会影响学生的正确发音，使学生形成错误的发音习惯。因此，教师要特别注意自己的语音和语调，力求准确、地道和规范。

（2）节奏、音量和语速：英语是一种语调语言，具有较强的节奏感。英语话语的节奏按重音定时，即它的话语说起来所需的时间不由它有多少个单词、多少个音节决定，而由它有多少个句子重音决定。英语节奏的特点是：在英语语流中，重读音节和非重读音节间隔出现，形成鲜明的对比；重读音节间隔出现的时间大致相等（近似音乐的节拍）。在节奏把握方面，教师要掌握并熟练运用单词重音和语句重音。教师英语节奏的好坏会直接影响学生断句、影响学生对意义的理解，继而影响到教学质量。

（3）词汇、语法和句型：教师课堂口语中的词汇量要以学生的词汇量为准，语法要规范、符合表达习惯，力图做到简明、准确、生动、流畅。句型应以简单句为主，"指令句"为首选。

2. 英语课堂用语

正确使用课堂用语是英语课堂教学中的一个重要组成部分，是培养学生听说能力的一种重要辅助手段。作为一名英语教师，应当理解课堂用语的重要性，遵循循序渐进的原则、适当使用母语原则、交际性原则，正确使用课堂用语，增强教学效果。以下是英语教师应该掌握的一些常用的课堂用语（邹为诚，2008）：

（1）问候

Hello, boys and girls.

Good morning/afternoon, boys and girls/everybody.

How are you today?

（2）上课

Let's start now. /Let's begin our class.

Stand up, please.

Sit down, please.

（3）考勤

Who's on duty today?

Is everybody here?

Is anybody absent?

Don't be late next time.

（4）宣布

Let's start a new lesson.

Now let's learn something new.

Now we are going to practice a short dialogue.

First, let's review Unit 2.

（5）引起注意

Are you ready?

Is that clear?

Any volunteers?

Keep quiet, please.

Please look at the blackboard.

Pay attention to your pronunciation, please.

（6）请求

Could you please try it again?

Bring me some chalk, please.

Will you help me?

（7）课堂活动

Now let's practice in groups.

In pairs, please.

Now it's your turn.

Next, please.

One at a time, please.

（8）鼓励

Give it a try.

Your pronunciation is very good.

Not bad.

（9）指令

Follow me, please.

Read after me, please.

One more time, please.

Go back to your seat.

Please close your books.

Listen and repeat.

（10）禁止和警告

Stop talking now.

No chatting.

Be quiet, please.

No more shouting.

Stop making a noise.

Will you stopping interrupting others, please?

（11）评价

Very good!

Well done!

Excellent!

Wonderful!

Great!

That's much better.

（12）布置作业

For today's homework, I want you to recite the text.

Please go over what we have learned today.

Learn these sentences by heart.

Please do the exercises on page 37 at home.

（13）下课

Class is over.

Let's stop here.

That's all for today.

See you next time.

二、教师获取资源和信息的能力

在信息化时代，教师获取资源和信息的能力显得尤为重要。增强教师获取资源和信息能力一方面能够充实课堂教学内容，满足课程开发的需求，更好地实现课程教学目标；另一方面能增强教师探究和解决问题的能力，使教师立足教育教学实践，开展教育教学研究。

1. 获取课程资源和信息的目的

教师除了具备良好的语言表达能力之外，还要具有获取课程资源和信息的能力。课程资源是新一轮国家基础教育课程改革提出的一个重要概念，指一切有利于或有助于实施课程、实现课程目标、发展学生综合语言运用能力、提高教师综合素质的物质条件和包括环境、氛围等在内的其他非物质条件。

获取课程资源和信息的目的主要有两个方面：一方面是为了教育发展和课程改革更好地实现育人目标；另一方面是为了满足课程研究本身的需要，为建立规范有效的课程研究模式服务。具体体现在：为二次开发课程资源提供依据和准备；为课程资源开发提供直接的资源保障；为开发校本课程、建立学校特色体系服务；为教师自身的专业发展服务。

2. 获得资源和信息应具备的能力

教师要在以下几个方面培养获取资源和信息的能力：（1）筛选与鉴别能力。选取的课程资源要有利于实现教育的理想和办学的宗旨；要与学生学习的内部条件相一致，符合学生身心发展的特点；要与教师自身的教学水平相适应。（2）收集与处理信息的能力。教师要具备自主获取信息、主动收集和处理信息的能力；要掌握收集和处理信息的方法，学会运用调查、考察、文献检索、测量、实验等不同的方法来收集资料，学会用统计、整理、分析资料的方法。（3）课程资源的整合能力。教师要在教学过程中将各种资源和课程内容有机地结合，以实现课程教学目标，完成课程教学任务。（4）探究与解决问题的能力。伴随着课程资源的开发，会产生一些问题和难点。教师要具备主动探索的精神，不断探索、不断开发新的课程资源、不断地提高自身的探究能力和解决问题的能力。

第二节　外语教学知识和能力

一、英语教学基本理论

从英语教学理论发展来看，可以大致分为四种教学理论：结构主义教学理论、认知流派教学理论、功能主义教学理论、人本主义教学理论。

1. 结构主义教学理论

结构主义语言学及其语言教学观将语言看做一个有着特定形式或结构的有机整体，是一个由内在相互联系的各组成部分构成的系统。语言教学的目的是让学生掌握目的语系统中各种成分，即语音、词汇和语法等系统内容。结构主义教学理论有两个主要特征：语言结构，尤其口语是语言教学的主要内容；教师是教学的主体，是课堂教学的中心。具有代表性的外语教学法有直接法、视听法、听说法等。

2. 认知流派教学理论

认知流派教学理论有坚实的语言学、心理学和教育学的理论基础，主要以乔姆斯基的转换生成理论、皮亚杰的"发生认识论"和布鲁纳倡导的结构主义教育理论为依据。认为语言学习过程是获得语言规则、生成语言的过程。具有代表性的外语教学法有认知教学法。

认知教学理论包含以下三个方面的内容：（1）语言具有规则性和创造性。语言是受规则支配的体系，人类学习语言的过程是从学习和理解语言规则入手，应用语言规则，先掌握以句子结构为重点的语言知识，进而创造性地使用语言。（2）外语教学要以学生为中心，充分发挥学生的主体作用。学生在外语学习过程中，通过观察、分析、归纳去发现语言规律，掌握语言知识。（3）学习外语应该是外部刺激和主体相互作用的结果，不单纯是主体对外部刺激的被动反应。

3. 功能主义教学理论

功能主义教学理论认为语言是交际的工具。语言教学要以语言交际功能意念项目为纲，以培养学生语言交际能力为教学目的，让学生通过交际活动来掌握语言工具，学会使用目的语实现交际目的。强调语言要在交际中学习，在交际中运用，正确处理结构意义和环境意义的关系。"交际"贯穿外语教学的全过程。具有代表性的外语教学法有交际教学法、活动教学法。

4. 人本主义教学理论

人文主义教学理论的出现是受人本主义心理学的影响。人本主义心理学首次提出"全人"的概念，倡导"全人教育"，即在健全人格的基础上，促进学生的全面发展，让个体生命的潜能得到自由、充分、全面、和谐、持续发展。简言之，全人教育的目的就是培养学生成为有道德、有知识、有能力、和谐发展的"全人"。人本主义心理学认为，在学习过程中，学生的认知因素和情感因素都起着非常重要的作用。人文主义教学理论强调，在教学过程中，教师要处理好师生之间的人际关系，关注学生的情感世界，营造良好的外语学习的氛围，减少学生学习外语的压力和焦虑。具有代表性的外语教学法有全身反应法、沉默法、暗示法、社团语言学习法。

二、英语语言知识教学

语言知识由语音、词汇和语法三个部分组成，是构成语言系统的基本要素。语音是语言的物质外壳，词汇是语言的建筑材料，语法是遣词造句的规则，三者之间的关系是相互依存、相互制约的。掌握语言知识是获得语言技能的重要前提，因此，语言知识的教学在培养学生语言技能、交际能力中起着重要的作用。根据《课程标准》（2011 年版）对语音知识、词汇知识、语法知识、语篇知识等教学目标的描述，中小学英语课程语音、词汇、语法、语篇教学内容归纳如下（关松林，2011；张志富，2011；肖惜，2002）：

1. 语音教学

中小学英语课程语音教学的主要内容：

（1）基本读音：①26 个字母的读音②元音在重读音节中的读音③元音在轻读音节中的读音④元音字母组合在重读音节中的读音⑤元音字母组合在轻读音节中的读音⑥辅音字母组合的读音⑦辅音连缀的读音⑧成节音的读音。

（2）重音：①单词重音②句子重音。

（3）读音的变化：①连读②失去爆破③弱读④同化。

（4）读调与节奏：①意群与停顿②语调③节奏。

（5）读音、语调、重音、节奏在口语交流中的运用。

（6）朗读和演讲中的语音技巧。

（7）重要英语国家的英语语音差异。

中小学阶段的语音教学要注重体现趣味性，采取恰当的语音教学方法和多样化的教学手段，为学生提供不同形式的语音材料，如可以利用听录音、听写、朗读等方法进行辨音练习；利用音标和单词卡片做游戏，锻炼学生的拼读能力，理解读音和拼写之间的关系；利用简单的诗歌、童谣，让学生练习，将语音知识融入到情境的语音教学中，让学生体验到边学边练的乐趣。

2. 词汇教学

中小学英语课程词汇教学的主要内容：

（1）词义：词汇的意义包括单词的概念意义和关联意义。概念意义指词汇的字典意义。关联意义指一个单词的文化含义以及在具体语境中的意义。

（2）用法：词汇的用法包括词汇的搭配、短语、习语、风格、语域等。

（3）词汇信息：词汇信息包括词语的屈折变化和派生形式，如英语名词的单、复数，代词的性、数、格，动词的人称、时态、语态变化等。

（4）词汇学习策略：词汇学习策略主要有以下几种：①语境猜测。利用语篇中的线索或者语境提示猜测生词的意思；②利用构词法知识。了解一些常用的前、后缀知识及各种复合词的构成方法，以扩大词汇量、增强词汇辨识能力；③使用字典。通过字典找出单词的意思并且学习关于词语的其他信息；④记忆策略。进行专门的词汇记忆策略教学，训练学生运用适合自己的方法和策略来促进记忆，如联想记忆、分类记忆等。

在词汇教学中，教师应将培养学生词汇学习策略放在首位，将新词汇与语言材料紧密结合起来，为学生创造在学中用、在用中学的机会。以下具体的词汇教学方法和技巧可供大家参考：

（1）教师可以利用事物、图片、卡片、简笔画等具有直观效果的手段进行词汇教学。

（2）结合语境和上下文进行词汇教学。在教学中，要做到词不离句，句不离文，将单词和例句、课文结合起来。

（3）利用造句练习来掌握词汇用法。教师可以用造句这种产出性练习帮助学生掌握和应用所学的单词。

（4）用音、形、义结合的方式来讲解单词。

（5）讲授构词法的基础知识，让学生根据构词法来归纳、判断和记忆单词。

3. 语法教学

中小学英语课程语法教学的主要内容：

（1）名词：可数名词及其单复数、不可数名词、专有名词、名词所有格。

（2）代词：人称代词、物主代词、反身代词、指示代词、不定代词、疑问代词。

（3）数词：基数词、序数词。

（4）介词和介词短语。

（5）连词。

（6）形容词：比较级和最高级。

（7）副词：比较级和最高级。

（8）冠词。

（9）动词：动词的基本形式、系动词、及物动词和不及物动词、助动词、情态动词。

（10）时态：一般现在时、一般过去时、一般将来时、现在进行时、过去进行时、现在完成时、过去将来时、过去完成时、将来进行时、现在完成进行时。

（11）被动语态。

（12）非谓语动词：动词不定式，动词-ing 形式，动词-ed 形式。

（13）构词法：合成法、派生法、转化法、缩写和简写。

（14）句子种类：陈述句、疑问句、祈使句、感叹句。

（15）句子成分：主语、谓语、表语、宾语、定语、状语、补语。

（16）简单句的基本结构：主语+系动词+表语，主语+不及物动词，主语+及物动词+宾语，主语+及物动词+间接宾语+直接宾语，主语+及物动词+宾语+宾语补足语，there be 句型。

（17）并列复合句。

（18）主从复合句：宾语从句、状语从句、定语从句、主语从句、表语从句。

语法教学主要有归纳法和演绎法两种方式。采用演绎法进行语法教学时，教师首先简明扼要地向学生讲解语法规则，随即举例说明，用具体的语言材料解释抽象的语法规则，然后，给学生布置大量的练习，让学生进行操练，从而掌握语法规则。演绎法是从一般规则到个别实例、从整体到部分、从抽象到具体的方法。这种方法简便易行，且效率较高。

采用归纳法进行语法教学时，教师先让学生接触一定数量的、具体的语言实例，学生在理解句子结构和意义的基础上，进行大量的句型操练。在学生初步掌握了句型范例后，教师再引导学生观察、分析、归纳出新的语法规则。归纳法是从个别实例到一般规则、从部分到整体、从具体到抽象的方法。这种方法可以充分发挥学生的主体性，让学生进行发现式学习，比较符合学生的学习心理过程，并且学习效果好，记忆保持时间长，但这种教学方式比较耗时，不适合初学者。

4. 语篇教学

语篇指实际使用的语言单位，是交流过程中的一系列连续的语段或句子所构成的语言整体。语篇知识是英语语言知识系统中一个重要的组成部分。从形式上看，语篇是一个按照语言系统规则构成的复合语言符号。从功能上来看，语篇相当于一种交际行为。语篇题材反映了语篇的文化环境，体现了语言符号系统与文化因素之间的密切关系。

《课程标准》（2011 年版）中多次提到"跨文化交际""语言的文化内涵和背景""语段连贯""语段结构完整""语境""得体性"等语篇知识，可见语篇知识在英语学习中的重要性。语篇教学与一般的课文教学不同的是，语篇教学的重点是语篇教学的本身。在进行语篇教学时，教师要从宏观的角度出发，将语篇作为一个整体来处理。在理解语言形式的基础上，分析作者谋篇布局的特点和遣词造句的手法，并结合所教语篇传授与目的语相关的社会文化知识和其他各种知识。如果所教的语篇是口语会话类的，语篇教学则要注重口语会话的特点，结合交际双方的目的和关系、结合目的语社会行为的模式和文化背景等因素来处理语言材料。

语篇教学的步骤安排要充分考虑学生的发展水平和接受能力。一般来说，语篇教学分为三个阶段：（1）了解语篇大意阶段、深入理解阶段和复习巩固阶段。首先，学生做课前预习，通读课文，了解课文大意；（2）教师在课堂上介绍语篇主题和背景知识，帮助引导学生抓住语篇线索，正确了解语篇梗概，分析语篇特点；（3）在理解语篇的基础上，通过口笔头练习，如回答问题，对语篇进行提问、复述等方式巩固所学的语篇。

语篇教学就是把语言看做一个整体，研究整体的层次，而不是将语篇拆散成若干部分。语篇教学的中心是阅读理解语篇，词汇和语法分析为理解句子意义和语篇服务。在进行知识传授的同时强调能力训练，培养学生阅读、写作、口头表达等能力。语篇教学有利于培养学生运用语言进行交际的能力和获取完整信息的能力，有利于培养学生分析问题和解决问题的能力。

三、英语语言技能教学

中小学英语阶段的英语课程是打基础的阶段，英语教学应该尽可能地让学生多接触英语，要通过视听、听和读等多种方式，多为学生提供可理解的语言输入。语言输入要贴近学生的英语水平、贴近学生的学习和日常生活、贴近时代。仅靠语言的输入是不能形成综合运用英语能力的，还需要通过口头和书面表达来检验和促进语言的吸收和思维能力的发展。听、读和说、写之间的关系非常密切。听和读的理解可以促进学生说和写的表达技能，而语言表达是促进学生思维发展，增强理解、分析和加工能力的必要手段，语言表达同时也是检验学生语言理解、分析和加工能力的客观标准。

1. 听力技能教学

听力理解是语言交际的一个重要环节，是借助语言材料建构意义的过程，是外界语音输入信息与人们已有的内部认知结构相互作用的结果。学生不但要能理解所听材料的主旨要点，获取事实性的具体信息，而且要进行有关判断、推理、引申、理解说话者的意图、观点和态度等。

听力理解涉及语言的语音、音位、韵律、词汇、句法、语义和语用等方面的知识及其运用，它要求学生具有一定的言语感知能力和听辨能力，在较短的时间内及时处理言语中的声音信息和语言信息。听力不同于阅读、写作等活动，阅读、写作允许学习者长时间停留在某一个语言点上进行思考，而听力则要求学习者在瞬间做出反应，不仅对新的语言信息进行加工和处理，还要对现有相关的语言知识进行搜索、提取，在现有语言知识的基础上理解新的语言信息。如果此时听者不采用相应的策略，那么旧的信息很快就会被新的信息所取代。

基于《课程标准》（2011 年版）对听力技能的描述，听力教学应该以培养学生听力能力为目标，同时培养听力策略及语感，特别强调在听的过程中获取和处理信息的能力，从而形成听力基本技能：

（1）排除口音、背景音等因素的干扰

（2）抓住关键词

（3）听并执行指示语

（4）听大意和主题

（5）确定事物的发展顺序或逻辑关系

（6）预测下文内容

（7）理解说话人的意图和态度

（8）评价所听内容

（9）判断语段的深层含义

在听力教学中，首先，要提高学生听音辨音的能力，从而培养学生对语音的敏感程度。言语感知和言语听辨是一个复杂的过程，因为语言的声音没有稳定不变的声学特征，同一个音素由不同的人说出来、甚至同一个人在不同时间说出来都可能有所不同。听音辨音主要是辨别音素等语音特征的能力，以及把这些语音特征、单词和语法结构联系起来的能力。在进行这种技能训练时，要注意训练学生辨别单词中音素的能力，例如，对比辨别音素/e/和/æ/，/i/和/iː/，/ʌ/和/ɑː/，/s/和/z/，/v/和/w/等。为了帮助学生克服听力障碍，还要注意辨别同化、连读、省略音和不完全爆破等各种语音上的变化。

其次，引导学生注重句子重音、语调、句型和句法等知识基础。句子重音对表达意义起着至关重要的作用，分不清句子中的重音往往会错误理解意思。通过理解重读单词或词组的语义，不但可以找到谈话的关键和中心意思，而且还可以由此对谈话者的真正意图做出正确的推理。

语调的主要功能在于表示说话者的态度、意图或情感，相同的句子用不同的语调说出来会产生不同的意义，语调意义的重要性往往超出语音和词汇意义本身。因此，在听的过程中，有时候虽然只听到只言片语，或者仅仅是谈话的部分内容，却也能根据说话者的语调做出正确的反应。

熟悉基本英语句型和句法可以帮助学生对所听的谈话内容和情景做出较快的反应。例如"Would you mind...?"这一句型通常用来表示请求、要求等。句法包括时态、语态、单复数等语法概念，掌握了句法，可以帮助学生对所听的内容做出正确的推理。

最后，培养学生良好的听力习惯。培养学生养成听前浏览信息，预测主旨的习惯，在听力过程中养成边听边记的习惯，尤其是将听力材料中最能反映和概括事物特征与本质的关键词和重要环节用自己能够理解的符号、字母等缩写形式记录下来，如人名、地名、年代、数字等。听写是听力、拼写和写作技能的常用方法，可用于听力教学或检查听力教学。

2. 口语技能教学

口语是人与人之间、面对面地口头表达的语言，它是人类社会使用最频繁的交际工具。英语口语是用英语向他人表达意义和交流情感的技能。口语有着鲜明的言语行为功能。主要功能：问候、介绍、告辞、请求、致谢、赞美、祝贺、道歉、原谅、建议、同意与不同意等。在语言结构上，口语较多地使用短语、并列从句、问答与祈使句，并且允许出现重复、停顿、补充、修正等现象。

基于《课程标准》（2011年版）对口语技能的描述，口语教学的主要目的是提高说的准确性、得体性、流利性和连贯性，增强语感，从而获得口语基本技能：

（1）引出话题

（2）维持交谈

（3）插话

（4）转移话题

（5）话题转换

（6）引起注意

（7）澄清意思

（8）请求澄清

（9）表示倾听和理解

（10）预示和结束谈话

（11）利用语音、语调表达意思

英语口语教学是一个循序渐进的过程，根据教学内容的重点可大致分为以下三个阶段：

（1）语音阶段。这一阶段的重点是音标。在口语学习的初级阶段，教师应对音标的发音进行系统的讲解，及时发现学生存在的问题，逐个指出、督促学生练习并对错误发音予以纠正。一些带有普遍性的问题，要常讲常练，力争早日扫除音标发音障碍。

（2）朗读阶段。这一阶段的重点是通过模仿，掌握正确的语调、节奏、重音等规则，形成正确的朗读习惯。教师在这个阶段要进行大量的示范，并指导学生根据个人爱好，选择一种口语类型进行模仿，反复练习，直至形成正确的发音习惯，克服原有的不良习惯,读出标准地道的英语。

(3)表达阶段。这一阶段要求学生实现从读到说的飞跃,用英语进行口头表达。为达到这个目标,教师应首先督促学生储备大量的口语表达方式,并设置各种情境,进行练习和巩固,直到学生能够熟练使用口语交流,达到口语教学的最终目的。

在口语教学中,教师可以遵循以下教学方法。首先,教师引导学生以听带说、听说结合。教师在增加语言输入的同时,还要引导学生通过看英语电影、听英语广播和歌曲等活动了解英语国家日常生活和其他场合经常使用的语言。可以将听力课拓展为听说课,在听懂的基础上加入说的部分。说什么,怎么说,需要教师精心设计、充分准备讨论的题目,其内容要与所听材料有关,贴近学生的生活,使之有话可说。

其次,培养学生养成朗读背诵的习惯。朗读训练和听力模仿是强化语言输入的一种形式,是培养学生语感、强化听说能力的重要环节和有效措施。因此,应注意培养学生的朗读习惯,可以朗读单词、词组和范文。经常性的反复朗读和背诵,会使相关的词汇和短语在大脑中形成条件反射,当需要用时,便可"脱口而出"。除此之外,还可以让学生进行复述和背诵练习。复述是对所学的语言材料进行口头重复陈述。只要大意不变,允许学生增加或减少单词,鼓励学生用自己的语言重新表达,避免将复述变成背诵。一经背诵过的语言通常能够脱口而出,对于较短的课文和对话,要求学生背诵;对于较长的课文,可以要求学生背诵部分或精彩的段落。

最后,培养学生有效地使用交际策略的能力。为了有效地进行口语交际,学习者有必要了解和掌握一些交际策略,例如,积极回应策略、迂回策略、回避策略、求助策略、借助形体语言策略等。

3. 阅读技能教学

阅读是通过视觉感知语言信号后,经过大脑处理、加工与理解信息意义的心理过程,是人们获得信息的重要手段。阅读教学旨在培养学生的阅读理解能力，掌握一定的阅读技巧。阅读教学不仅要培养学生的阅读技能，还要注重教授阅读策略和训练学生的思维能力。

阅读的心理过程包括以下几个阶段：

（1）阅读起始于通过视觉准确、迅速和自动地辨认出词汇。研究表明，阅读时的眼动几乎涵盖语言材料的每一个单词，停留在单词上的时间保持在 1/5 至 1/4 秒。

（2）自动辨认单词之后，阅读进入单词语音和意义加工阶段。此时，单词的语音与意义触发了记忆中有关该单词的语义、词法、句法等方面的知识。在这个阶段，读者有意识地在记忆中搜索、提取各种相关信息。

（3）在单词的音像表征完成之后，单词的语音与意义逐渐连接成一系列短语和句子的音与义，并导致理解的产生。

（4）与此同时，读者过去已有的，与所阅读的单词、短语和句子相关的知识，包括语言、社会文化，以及阅读材料的题材、体裁等方面的知识都涌现出来，为争取理解提供条件。

（1）和（2）是阅读的低级阶段，（3）和（4）是阅读的高级阶段。初学者往往在低级阶段费时很多，阅读理解能力自然就差；阅读水平高的读者低级阶段已实现自动化，他们的精力可以集中到高级阶段。

基于《课程标准》（2011 年版）对阅读技能的描述，阅读教学的主要目的是教授阅读策略，培养学生在阅读过程中获取和处理信息的能力，从而获得阅读的基本技能：

（1）略读（skimming）

（2）查读（scanning）

（3）预测下文

（4）理解大意

（5）分清文章中的事实和观点

（6）猜测词义

（7）推理判断

（8）了解重点细节

（9）理解文章结构

（10）理解图表信息

（11）理解指代关系

（12）理解逻辑关系

（13）理解作者意图

（14）评价阅读内容

在阅读教学中，教师要遵循以下教学原则：

（1）培养学生阅读兴趣和阅读习惯

阅读应该是一项愉快和有益的活动。只有当学生有了这种感受时，才会喜爱阅读，才会将阅读变为一种自觉自愿的行为和有效获取语言知识的手段，从而达到最佳阅读效果。提高阅读能力不仅要培养阅读兴趣，还要培养学生养成良好的阅读习惯，有计划、有规律地进行阅读，把阅读列入每天的学习计划中。

（2）帮助学生掌握阅读策略

帮助学生掌握有效的阅读策略，提高阅读能力，是阅读教学中的一个重要任务。有效的阅读策略包括略读、查读、预测、猜测词义、识别指代关系等。

略读是一种快速浏览阅读方式，其目的是了解文章的大意。略读时主要阅读文章的开头、结尾处及段落的主题句，浏览与主要内容有关的信息词，如表达逻辑关系的提示词、标点符号（破折号、小括号、冒号）、特殊信息点（如时间、数字、大写字母等）。

查读是另一种快速阅读方式，其目的是从较长的文字资料中既快又准确地查寻特定的细节内容。查读时主要关注以下信息：主题词或关键词、标题或图表、版式和印刷特点、专有名词等。

预测是阅读过程中重要的一个环节。学习者可以借助逻辑关系、语境等线索，对文章的主题、题材、结构以及相关的词汇进行预测。

猜测词义。人们通常通过上下文以及对词汇结构的一些知识来推断词性和词义，利用同义词和反义词，还可利用构词法猜测词义。

识别指代关系。识别文章中的指代关系是正确理解文章的有效手段。作者为避免重复，使用名词、代词、副词、助动词替代上文中提到的名词、时间、地点、动词，或使用同义词或近义词代替已出现的名词、形容词等。

（3）鼓励学生广泛阅读

鼓励学生广泛阅读。学生可以通过阅读获得必要的语言输入，扩大词汇量，巩固语法知识，增强语感，提高语言理解水平；同时，学生可以通过阅读获取新的知识，提高认知水平，增强分析问题和解决问题的能力。

4. 写作技能教学

写作是一种思维活动，是学生表达思想和情感的方式。写作过程具有语言产出的性质，不同于其他语言学习过程，如听力、阅读等，是要完成从思维到语言编码、再到写码的过程。在这个过程中，选择和组织信息的能力显得尤为重要，同时，语言手段如文体、衔接手段、修辞等的选择和组织也是语言产出的重要制约因素。

基于《课程标准》（2011 年版）对写作技能的描述，写作教学的主要目的是培养学生表述事实、表达观点和情感、交流信息的能力，养成规范的写作习惯，进而培养写作基本技能：

（1）整理思路

（2）组织素材

（3）规划文章结构

（4）列出提纲

（5）起草文章

（6）组织语言

（7）遣词造句

（8）修改文章

（9）正确使用标点符号和字母大小写

在外语听、说、读、写四项技能中，写作对学习者的要求最高，它不仅要求学生具有用外语遣词造句的能力，而且还需要用外语进行创造性思维，是一个十分复杂的过程。教师要根据学生的英文水平，采取循序渐进的原则进行写作教学，如写作练习可以从抄写句子和短文开始到听写连词造句，替换句子某些成分改写句子，连句成文、扩写、缩写，直至命题作文等。在写作教学实践中，人们经常采用以下教学方法：

（1）读写结合法

读与写结合是外语写作教学的主要方法之一。Krashen（1977）的可理解性输入假说（i+1）认为决定二语习得的关键是学习者接触大量可理解的、略高于自身水平的信息。阅读为写作提供了所需的输入，大量的阅读能帮助学生扩大词汇量，通过上下文语境掌握词汇的准确用法和句法知识；同时，阅读各类题材和各种内容的文章，可以增强学生的文化背景和其他学科知识，提高他们的认知能力；再者，通过语篇分析能培养学生建构篇章的能力。

（2）使写作任务真实化

教师可以设计一些真实的写作任务，让学生为了真实的目的而写，将写作与学生的需求联系起来，如让学生写参观感言、游记、留言条、求职信、个人简历等，以此激发学生的写作积极性。

（3）思维训练与写作训练相结合

写作既是语言活动，也是思维活动。思维模式往往会影响谋篇布局的基本框架，随着学生英语水平的提高，运用英语思维的能力也会逐步增强。教师要引导学生对各个事物之间的相互联系的认识，如类属关系、空间关系、时间关系、因果关系等，学会用英语单词和句子作为思维工具进行构思。

（4）英汉对比教学法

教师在教学实践中可以通过加强英汉对比的方法，引导学生领会英汉两种语言在构词、造句、谋篇和思维模式方面的差异，促使汉语在英语写作中最大限度地实现正迁移。

（5）选择合适的写作教学模式

可以根据实际情况采用结果教学法、过程教学法和体裁教学法等进行写作教学。结果教学法是我国目前使用最为广泛的一种英语写作教学法，它的理论基础是行为主义学习理论，写作教学过程被看做教师给予刺激、学生做出反应的过程。教师是教学的主体，写作过程是在教师的支配下完成的。

过程教学法的理论基础是交际理论，强调写作的认知过程，强调作者的主体意识和能动作用。过程教学法不再把重点放在语法、篇章结构等语言知识上，而是放在制定计划、寻找素材、撰写草稿、修改编辑等写作过程和技能上。过程教学法将教学活动的目标既指向写作认识活动的结果，又指向写作认识活动的过程。

体裁教学法是建立在语篇体裁分析的基础上，将体裁和体裁分析理论运用于教学中，围绕语篇的图示结构开展教学的方法。体裁教学法认为写作教学的首要任务是帮助学生提高体裁意识、提高学生对与体裁密切相关的修辞结构和语言特征的认识。体裁教学法强调社会环境对写作的影响，交际目的是体裁的决定因素，不同的体裁（如求职信、收据、法律文书、新闻报道等）实现不同的交际目的。

第三节　英语教学活动

一、英语教学原则

教学原则指教学活动中应遵循的最根本的要求，我国教学活动中常用的教学原则体系是在前苏联凯洛夫教育学的教学原则体系基础上发展起来的。目前，在学校教育中比较常用的教学原则体系主要有科学性和思想性相统一，理论联系实际，传授知识与发展能力相统一，教师主导作用和学生自觉性积极性相结合，直观性与抽象性相统一，系统性和循序渐进性相结合，理解性和巩固性相结合，统一要求和因材施教相结合等八大原则（车文博，1982）。教学原则适用于不同学科，英语教学也不例外。

1. 科学性和思想性相统一原则

科学性和思想性相统一的原则，是指在学生学习掌握科学知识的过程中，对学生进行品德、心理健康教育。这条原则要求教师处理好知识教学与思想品德教育之间的关系，真理与谬误的关系，先进思想的教育与错误思想的影响之间的关系。教师在教学内容的选择和组织时要注意科学性和思想性相结合，发掘教学材料的思想性，同时，教师要不断提高专业水平和思想素养。

2. 理论联系实际原则

理论联系实际原则指教学必须坚持理论与实际相结合，用理论分析实际，用实际验证理论，使学生从理论和实际的结合中理解和掌握知识，培养学生运用知识解决实际问题的能力。教师在教学活动中，要遵循学习活动的"直接感知"原理，要根据教学活动的需求，让学生直接感知学习对象。由于教学活动的主要特点之一是传授书本上的间接知识，书本知识与学生之间存在着差距，学生在学习和理解过程中会发生各种困难和障碍，直接感知在于克服这些困难和障碍，通过给学生提供直接经验或利用学生已有的经验，帮助学生理解和掌握新的知识，用丰富的实际事例，论证书本知识。

3. 传授知识与发展能力相统一原则

传授知识与发展能力相统一原则指在传授知识的同时，培养学生多方面的能力，知识与能力相得益彰，共同提高。这条原则的提出，意在改变重知识轻能力的传统观念，树立传授知识与发展能力相统一的现代教学观。掌握知识是发展能力的基础，同时能力发展是掌握知识的必要条件。在运用这条原则时，教师要注意知识结构合理性，要教会学生学习，引导学生主动掌握知识和运用知识。

4. 教师主导作用和学生自觉性积极性相结合原则

教师主导作用和学生自觉性积极性相结合原则指教师既要充分发挥主导作用，同时要善于调动学生的自觉性、主动性和积极性，使教学过程成为师生双方密切配合、协调共进的过程。这条原则主要解决了教师的主导作用与学生的主体地位的关系问题，反映了师生各自的地位和特点。20世纪80年代以来，主体精神成了时代理想的核心内容，呼唤学生主体精神，尊重学生主体地位，注重发挥教师的主导作用，成为我国教学理论界的共识。在应用这条原则时，要坚持教师的主导作用，调动学生学习积极性和参与意识。

5. 直观性与抽象性相统一原则

直观性与抽象性相统一原则指教师通过直观的教学手段，引导学生形成所学事物或过程的清晰表象，以丰富感性认识，进而对学习材料进行分析、综合、抽象和概括，发展学生的思维能力。这条原则要求教师处理好教学中词语、概念和事物及其形象之间的关系，克服言语脱离事物，抽象脱离具体形象，理解脱离感知等矛盾。在运用这条原则时，教师要恰当选择直观手段，直观与讲解相结合，从运用直观形象过渡到摆脱具体形象。

6. 系统性和循序渐进性相结合原则

系统性和循序渐进性相结合原则指教学要按照学科的逻辑系统和学生身心发展的顺序，持续、连贯和系统地进行，使学生系统地掌握基础知识和基本技能，形成严密的逻辑思维能力。这条原则意在优化教学顺序、科学知识的体系、学生掌握知识和智力发展顺序几者之间的关系。

在教学中，教师要按照课程标准的顺序进行教学，课程标准规范了课程的内在逻辑系统，并且是建立在学生发展规律之上的。教师要认真学习和研究课程标准，充分了解和掌握课程的内在关系以及对学生的要求。同时，教学活动要适合学生的发展水平。教师要重视学生的年龄特征和发展水平，了解学生的发展特点和规律，恰当地把握教学的难度，既不能太难，超出课程标准，又不能太易，对学生的认知发展起不到应有的作用。教师要认真钻研教学，探索教学规律，教学必须由近及远、由浅入深、由简到繁，必须充分考虑学生的认知发展水平，力求将教学活动置于学生的最近发展区之内，这样的教学才是有成效的教学。

7. 理解性和巩固性相结合原则

理解性和巩固性相结合原则指教师要引导学生在理解的基础上牢固地掌握所学知识和技能，并能根据需要迅速再现出来加以运用。这条原则主要解决教学中知识的内化与应用问题，处理好教学中获取新知识与保持现有知识之间的矛盾。教师在讲授知识时要清晰，要帮助学生掌握记忆的规律和方法。

在教学中，教师要首先保证学生已理解新知识，理解是巩固的前提，没有学会的东西，是不可能真正巩固的。在巩固新知识时，教师要遵循心理学有关记忆和遗忘的规律，按照这些规律组织、安排复习，以提高巩固的效率。巩固知识的方式要多样化，除了常见的书面作业之外，教师还可以帮助学生通过调查、实践等方式，使学生达到巩固知识的目的。

8. 统一要求和因材施教相结合原则

统一要求和因材施教相结合原则指教学既要面向全体学生，坚持培养人的质量规格，保证课程标准要求的实现，又要根据学生的实际情况，有的放矢地进行个别教学，使每个学生的个性得到充分的发展。教学要适应学生身心发展规律，要把集体教学与个别教学结合起来，既充分发挥课堂教学的优点，又以个别施教作为集体教学的必要补充。

在教学中，教师要充分了解学生，在共同的年龄特征基础上，学生存在着差异。除了学习成绩之外，学生的个性特征、家庭背景、生活经历等，都是教师因材施教所需了解的。学生的差异不仅是客观存在的，也是合理的。教师要尊重学生的个体差异，要针对每一个学生的实际情况帮助他获得最适宜的个性发展。现代教育的一个重要理念是，每一个学生有权利得到适合于自己的教育。

二、英语教学基本策略

课堂教学是教师实施教学活动的主体部分，指从导入新课到结束前的这个时间段。一堂课的教学效果的好坏取决于教师在课堂教学中是否实施了有效的教学策略。英语课堂教学策略主要有以下几种：

1. 先行组织者策略

先行组织者的概念最早由美国教育心理学家奥苏伯尔提出。先行组织者指在新的学习任务之前呈现给学习者的引导性材料，它比学习任务具有更高一层的抽象性和包摄性，目的是帮助学生将新的知识与更为一般和概括的先前知识联系起来。提供先行组织者的目的就在于用先前学过的材料去解释、融合和联系当前学习任务中的材料，便于学生建立新知识与现有知识之间的联系，从而能对新学习内容起固定、吸收作用。先行组织者的设计不是针对教授内容本身，而是教授内容之间的联系，起着教学导向的作用。先行组织者不仅有助于建立有意义学习的心向，而且还能帮助学习者认识到当前所学内容与自己头脑中原有认知结构的那一部分有实质性联系，从而有效地促进有意义学习的发生和习得意义的保持。先行组织者策略的实施步骤是准备材料，设计学习过程，呈现预备性材料或新材料，从中抽象出新信息，在学生现有知识与所学新知识之间建立起一座桥梁。

2. 问题教学策略

问题教学策略是教师在教学中提出问题的一项基本的教学策略。实施这一策略的关键是教师应就教学内容提出"有效问题"。有效提问的标准如下：（1）清晰：问题必须能够使学生快速理解，清楚所期望的是什么样的答案。（2）具有学习价值：问题能激发学生的思维，对问题的回答有利于学生进一步处理和理解所学材料；问题与所学材料有关，有助于学生的学习，而不是填充教学时间。（3）激发兴趣：问题要有趣味性和挑战性。（4）参与度：问题要能使大部分学生参与到学习活动中。

（5）具有扩展作用：问题能使学生发挥想象，激励学生给出深入扩展性的答案，并且答案具有多样性。

3. 发散、集中教学策略

发散教学策略有助于培养学生思维的广阔性。发散、集中教学策略要求教师提出开放性问题，让学生进行发散式思维，进行头脑风暴（brainstorming）活动，集思广益，得出各种解答方法。接下来，在教师的引导下，通过比较、选优，找到最佳答案。运用该教学策略要找准发散点，并且给学生以充足的时间进行发散与集中思考。

4. 反思教学策略

在教学活动中，教师要经常运用反思教学策略。教学反思是一种有益的思维活动和再学习过程，通过反思，教师不断发现教学中存在的问题，并针对这些问题调整教学方案，使教学方案更加合理。教学前进行反思能使教学成为一种自觉的实践，在教学中进行反思能使教学高质量、高效率地进行，教学后反思有助于后续课堂教学的改进和提高。教学反思并不是一般性地回顾教学情况，而是通过反思教学理念、教学方法不断发现教学中存在的问题，找到解决问题的方法，提高课堂的实效性。教学反思具有探索性，反思的真谛在于教师要敢于怀疑自己，敢于突破自我，超越自我，不断提升教学水平。

5. 练习策略

练习是课堂教学的重要环节。教师可以结合课堂教学内容穿插口头或书面、黑板或作业本、个体或集体等多种形式的练习形式，从而起到启迪、巩固、反馈、迁移的目的。有效使用练习策略要注意以下几点：（1）根据练习的目的和功能选择练习的时机和形式。（2）教会学生练习。教师要对学生进行必要的指导，教给他们各种练习的方法，使他们学会练习。（3）练习要适度、适量，循序渐进。

三、英语教学流派

19世纪以来，随着心理学的发展、语言学流派的不断涌现，不同的外语教学法也随之应运而生。外语教育历史主要分为以下几个阶段：①古典语言教学阶段。早在1880年以前，欧洲大陆的外语教学以教授古典语言（古希腊和拉丁语）为主，运用语法翻译法，目的是阅读古典文献。②现代语言教学萌芽阶段。第一次世界大战之后，外语教育目标的变革对外语教学法提出了更高的要求，人们更加强调日常生活语言的运用，直接教学法开始盛行。由于受行为主义心理学的影响，人们认为语言学习是刺激—反应的结果，是习惯形成的过程。在这一背景之下，结构主义语言学影响甚广，语言被当做工具来教和学，于是产生了听说法和视听法等。③现代语言教学发展阶段。以Chomsky为代表的心灵主义语言学对Skinner的《言语行为》提出了质疑和挑战，认为语言习得机制是人类与生俱来的，语言发展是认知发展的不可分割的一个部分，这些观点促成了认知教学法的产生。④现代语言教学深入阶段。到了20世纪70年代以后，语言被看做交际的工具，人们逐渐意识到语言教学的目的是培养学习者实际的语言交际能力，语言教学的重点不仅仅是传授语言知识和培养语言技能，更是语言交际能力的养成，因此，在这个背景下产生了交际教学法。受人本主义心理学的影响，人们除了关注语言教学本身，也十分关注学习者因素，尤其是情感因素在语言学习过程中的作用，由此产生了沉默法、暗示法、咨询学习法、全身反应法等教学法。以下将从不同心理学流派、语言学流派的视角对不同的外语教学法一一进行述评。

1. 外语教学法——结构派

结构派教学法有两个主要特征：语言结构是语言教学的主要内容；教师是教学的主体，是课堂教学的中心。

◎ 语法翻译法

语法翻译法（Grammar-Translation Method）是外语教学法中最古老的一种教学方法，产生于中世纪，距今已有几千年的历史。当时，人们主要以语法和翻译为手段教授古典语言，如拉丁文、古希腊文等，主要目的是阅读经典文献，了解和吸收古代文化。到了 18、19 世纪，一些学校开始开设英语、法语等现代语言课程，于是，语法翻译法逐渐从教授古典语言过渡到教授现代语言。

在语法翻译法中，词汇和语法是教学的主要内容。人们认为，学习外语就是学习它的词汇和语法，句子是语言教学和语言练习的基本单位。语言是由一组描写规则构成的，掌握一种语言意味着学习者了解这些规则，并能迅速、准确地将母语翻译成第二语言或将第二语言翻译成母语。教学用母语进行，母语是学习第二语言时必不可少的语言媒介。翻译是讲授生词和新课文的基本手段。语法翻译法的主要特点体现在以下几个方面：

（1）语法体系的完整性和整体性。语法翻译教学法借助"希腊—拉丁语法"的规则，形成了非常完整、系统的语法教学体系。这一语法教学体系有利于外语学习者认识目的语的形式、不同的词类、句子组合等，有助于外语初学者较好、较快地掌握目的语的整个结构。

（2）语法翻译法主张用母语进行教学，体现了外语学习的功能，即两种语言形式的转换，进而达到语际信息交流的目的。学生练习方式有单句填空、造句、背诵课文和作文等。

（3）语法翻译法重视词汇和语法知识的系统传授。词汇教学多采用同义词与反义词对比和例句示范法，讲解与分析语法采用演绎法，即教师给出规则或结论，要求学生记忆规则。

（4）语法翻译法强调对书面语的分析，注重原文的学习。教学中所使用的教材以文学材料为主，文学语言优于口语，在听、说、读、写四项技能中，重读写、轻听说。

在长期的语言教学实践中，语法翻译教学法一直占据着重要地位。语法翻译教学法能帮助学生牢固掌握系统的语法知识，学生的阅读和翻译水平较高；采用母语授课，能消除语言交际障碍，既减轻了教师的压力，又提高了教学效率；不需要过多的语言设备和教具；测试教学效果手段简单。

由于语法翻译法基于对古典语言的学习和研究，在现代外语教学实践中，不免带有一定的局限性：①忽视口语教学。虽然学生掌握了词汇和语法知识，但口语表达能力较弱。②过分强调教师在课堂教学中的主体地位，忽视了对学生自主学习能力的培养。③教学形式比较单一。基本上是教师讲解，学生听讲的模式，师生之间、生生之间缺乏互动。④忽视了语言教学中的社会文化因素，忽视了语言学习者的认知、情感等内在因素。

尽管语法翻译法有以上不足之处，但它经受住了 19 世纪 80 年代到 20 世纪初进行的外语教学改革的冲击，在以后几百年的现代外语教学的发展过程中，它与直接教学法、听说法、视听法、交际法等各种教学流派相互竞争，精彩纷呈，在外语教学领域占有重要的地位。

◎ 直接教学法

19 世纪中叶，资本主义在欧洲得到进一步发展，各国之间的交往、尤其是通商贸易日益增多，语言不通成了人们交往的严重障碍。由此，社会迫切需求掌握外语并能用外语进行口头交际的外语人才。直接教学法就是在这种社会背景之下产生的。

直接教学法（Direct Method）以培养学习者直接用外语进行思维和交际能力为主要目标，以机械的口语训练为主要特征，通过外语本身进行的会话、交谈和阅读来教外语。直接教学法认为，在任何两种语言中，许多单词在语义、搭配、用法上都不存在一一对应的关系，如果在外语教学中将翻译作为唯一的手段，就会导致学生在表达时错误百出，词不达意。直接教学法认为外语学习应与儿童习得第一语言一样，始于接近生活的口语，而不是文学作品中的书面语。因此，直接教学法重视口语，使用在具体情境中接触外语的方法代替背诵语法规则，以对语言的实际使用代替翻译。它使用视、听、联想、模仿、手势、图画、实物等外部直观方式和口授法、口授逻辑法等内部直观方式去理解句子的含义。

直接教学法提出了以下教学原则：

（1）直接联系原则：当学习者学习一个新词语的同时，也学会了这个词语所代表的事物或意义。教外语应使每一个外语单词同它所代表的事物或意义直接发生联系，而不要经过母语翻译。

（2）句本位原则：句本位原则能够保证学生所学外语的纯正性。教外语应以句子为单位，这样，学生既学到句子的正确表达法，又学到单词在句中的用法，同时也学到自然、纯正的语音、语调。

（3）模仿原则：直接教学法认为语言是一种习惯，习惯的养成在于多模仿、多练习，因此，外语教学应以模仿和练习为主。

（4）以归纳的方法教授语法规则的原则：学习外语要让学生掌握大量的实际语言材料，然后引导学生从他所积累的感性语言材料中分析、归纳、总结出语法规则，用以指导后续的学习。

（5）以口语为基础的原则：直接教学法强调口语和语音教学，强调语音、语调的正确性，主张教授活的语言。

（6）以当代通用语言为基本教授内容的原则：直接教学法主张教授当时社会通用的语言，学了即能用于日常交际之中。

直接教学法强调直接学习外语和直接使用外语，有利于培养学生的口语交际能力，但也有其自身的局限性。不足之处在于：直接教学法强调了外语教学的实用目的，忽视了外语教育和教养目的，导致了学生口语流利，但普遍缺乏语文修养的状况；直接教学法夸大母语在外语教学中的消极作用，一味排斥母语在外语教学中的使用；不能很好地处理口语和书面语的关系；强调儿童习得母语和掌握了母语之后学习外语的共同规律，而忽视了二者之间的差别，将外语学习等同于母语学习；直接教学法运用效果如何在很大程度上依靠教师娴熟、流利的外语技能，然而，在教学实践中，并不是所有的教师对外语的精通程度都能达到直接教学法的要求。

◎ 听说教学法

听说教学法（Audio-lingual Method）产生于美国 20 世纪 40 年代后期，起自美国的陆军口语法。当时，美国参加第二次世界大战，要派大量的士兵出国作战，感到士兵迫切需掌握所去国家的语言。因此，语言学、心理学、教育学等不同领域的专家被召集起来，研究外语速成教学法，对士兵进行外语培训。于是，军队特别培训项目（The Army Specialized Training Program，ASTP）于 1942 年成立了，也叫军队法（Army Method）。到 1943 年年初，美国已有 55 所大学承担了军队外语人才的培训任务。由于军队要求培养士兵的听和说技能，因此，培训项目课程内容包括大量的语音、句型操练和会话练习，不涉及语法和翻译的内容。军队特别培训项目持续了大约两年时间，取得了很大的实践效果，引起了语言学界的普遍重视。"二战"后，该方法正式得名"听说教学法"，被推广应用到外语教学中。

听说法是结构主义语言学和行为主义心理学理论的综合应用。结构主义语言学认为语言是一套结构系统，许多语言结构是通过各种句型得以体现的。掌握一种语言，首先要掌握该语言的各种句型，特别是常用句型。行为主义心理学认为语言是一种习惯，而习惯又是经过大量、反复的"刺激—反应"才能形成，乃至牢固。行为主义心理学提出的刺激、反应、强化、形成习惯等理论和观点与句型操练相结合是听说法的核心内容，换言之，听说法是一种以掌握语言结构为目的、模仿操练为手段的语言教学法。

听说法的基本教学原则可以归纳如下：

（1）听说领先原则：听说法强调听说领先，教授新句型一般先口头操练到一定的熟练程度之后才转入书面文字，即先听说，后读写，听说是重点和基础。

（2）反复实践形成习惯原则：该原则是根据行为主义心理学"刺激—反应"学说提出来的。语言学习是习惯的形成，而语言习惯的形成主要靠反复操练。在课堂上，教师除了用外语授课之外，还大量使用录音、录像和电影等电化教具作为刺激手段，强化学生的反应，巩固所学的内容。

（3）句型操练原则：学习语言就是学习、掌握句型。掌握了全部句型就掌握了语言结构，也就掌握了语言。美国结构主义语言学反对传统语法，根本不承认有"语法规则"。受结构主义语言学的影响，听说法相信经验，轻视理性（这里指语法规则）。听说法的课堂活动主要是对话和句型操练。

（4）限制使用母语原则：听说法流派认为，既然外语运用是一种习惯，那么只有通过外语本身的大量句型操练才能有效地形成，因此，在课堂教学中，要尽量不用或少用母语和翻译。

（5）及时纠正错误原则：及时纠正错误，培养正确的语言习惯。根据行为主义心理学理论，习惯一旦形成，便很难更改。语言既然是一种习惯，那么语言错误必须要及时纠正，否则错误的语言习惯会导致语言石化现象的发生。

（6）通过语际、语内结构对比以确定教学重点和难点原则：通过系统地对比分析语际（interlingual）、语内（intralingual）结构，了解目的语和母语的异同之处，作为选择、处理教材和确定课堂教学中重点和难点的依据。

（7）充分利用现代化教学技术和手段原则：现代化教学技术和手段可以为学习者提供多听、反复听、多练、反复练的机会，弥补了以往课堂教学的不足。

听说法的长处是能在较短的时间内培养学生初级的外语口语和听力能力。不足之处：把学习语言看做是习惯的形成，只重视句型操练，并按听、说、读、写的顺序进行教学以形成语言机能，忽视了语法规则的指导作用；只重视语言的形式和结构，忽视语言的内容和意义，忽视了培养学习者的交际能力。

◎ 视听教学法

视听教学法（Audio-Visual Method）产生于 20 世纪 50 年代的法国，是在直接教学法和听说教学法的基础上发展起来的。它是一种借助电教手段，通过视、听在一定情境中呈现的整体、真实的目的语材料，从而使学生理解所学语言材料的结构和含义的教学方法。

视听教学法流派认为，语言不仅仅是一种由语音、词汇、语法组成的抽象系统，它是人与人之间、社会团体之间的交际工具。学习语言应从交际中的话语或句子入手，学习语言的顺序应是"话语——句子——单词——音位"。

另外，人们使用语言进行交际时受情境的制约，因此，在教学中使用外语和图像结合创造类似学习母语的情境和过程，能帮助学生加速掌握运用外语的能力。从行为主义心理学的角度来看，声音加图像的"整体性刺激"比单纯的声音刺激会使学生获得更佳的学习效果。

视听法的基本教学原则有许多地方与听说法的教学原则相同，如：听说领先原则；句型操练原则；限制使用母语和翻译原则；对比母语和外语两种语言以确定难点和重点等。但视听法不同于听说法的一个重要原则是：语境教学原则。视听教学法除了强调听说之外，还强调要从生活情境出发来安排教学活动；广泛使用电教设备和手段，使语言和形象紧密结合，让学生在情境中整体感知外语的声音和结构，边看画面边练习听和说。

视听法的教学步骤：①呈现：利用电教手段为学生呈现有意

义的教学内容。②讲解：教师利用图像、有选择地听录音和回答等手段进行讲解。③记忆：通过重放录音和幻灯等练习，重复记忆对话。④运用：教师运用多种方法组织学生运用所学的内容。

视听法的不足之处：过分强调视觉直观作用，忽视对抽象词汇和语法结构的处理和讲解；过分重视语言形式训练，忽视交际能力的培养；过分重视语言整体结构，忽视分析语言的有机构成；忽视书面语的作用，学生的阅读、写作能力得不到相应的发展。

◎ 认知教学法

认知教学法（Cognitive Approach）产生于 20 世纪 50 年代的美国，是在教学中充分发挥学生智力的作用，重视对语言规则的理解，培养学生全面运用语言能力的一种教学法。认知教学法最初由美国的心理学家 Carroll（1964）在 "语法翻译法的现代形式" 一文中提出。认知教学法保留了语法翻译法的一些基本特点，如重视语法的作用、用母语授课、使用翻译手段、以文字为依托等，但它克服了语法翻译法的片面性，吸收了其他教学流派的长处，尤其是以认知心理学、心理语言学为理论基础，发展了语法翻译法，因此，有人又把它叫做新语法翻译法。

认知教学法有坚实的语言学、心理学和教育学的理论基础，主要以 Chomsky 的转换生成理论、Piaget 的 "发生认识论" 和 Brunner 倡导的结构主义教育理论为依据。认知教学法包含以下三个方面的内容：①语言具有规则性和创造性。语言是受规则支配的体系，人类学习语言的过程是从学习和理解语言规则入手，应用语言规则，先掌握以句子结构为重点的语言知识，进而创造性地使用语言。②外语教学要以学生为中心，充分发挥学生的主体作用。学生在外语学习过程中，通过观察、分析、归纳去发现语言规律，掌握语言知识。③学习外语应该是外部刺激和主体相互作用的结果，不单纯是主体对外部刺激的被动反应。

认知教学法的教学原则可以归纳如下:

(1) 以学生为中心原则:认知教学法强调学习的过程是认知的过程,学生是认知的主体。在学习过程中,学生主动进行信息加工,建构知识。教师要根据学生的认知特点和认知过程合理安排教学。

(2) 有意义学习和操练原则:认知教学法强调认知,强调有意义的学习,反对单纯依靠机械操练来培养语言习惯,强调在理解语言知识和规则、建立内在联系的基础上操练外语。认知教学法的教学过程可以概括为"语言知识的理解——→语言能力的形成——→语言运用(语言行为)"三个阶段。认知教学法所指的"语言能力"是生成转换语法理论所主张的内化语法规则的能力,它体现在听、说、读、写四种技能中。

(3) 听、说、读、写并进原则:学习外语的最佳途径是调动各种感官通道进行综合训练,因此,认知教学法主张耳听、口说、眼看、手写齐头并进,对听、说、读、写进行全面综合的训练。

(4) 有效利用母语原则:母语是学生已有的语言经验,是外语学习的基础,因此,认知教学法主张在外语学习中要有效地利用母语。

(5) 广泛利用电化教学设备和手段原则:利用教学媒介使外语教学情境化、交际化,达到交际化操练的目的。

(6) 对错误进行分析和疏导原则:容忍学生的语言错误,不能见错就纠,要对错误进行分析、疏导,只纠正主要错误。

认知教学法的突出贡献在于将心理学、教育学的理论用于指导和解释外语教学,而不是简单规约外语教学。

2. 外语教学法——功能派

功能派教学法的主要特点是以语言交际功能意念项目为纲,以培养语言交际能力为教学目的,语言是交际的工具。学生通过交际活动来掌握语言工具,"交际"贯穿外语教学的全过程。

◎ 交际教学法

交际教学法（Communicative Approach）兴起于 20 世纪 70 年代的英国，是以培养交际能力为目的，以语言功能项目为纲的一种教学方法。交际能力是根据交际的目的、语境、身份、谈话对象、谈话内容等说出恰当得体的话语能力，包括语法能力、语篇能力、社会语言能力和策略能力。英国语言学家 Wilkins 将语言意义分为两类：意念范畴（如时间、顺序、数量、地点和频度等概念）和交际范畴（如要求、否定、邀请、抱怨等），并以此作为制定语言交际教学大纲的基础。

交际教学法的理论基础主要来自 Hymes 的交际能力理论和 Halliday 的功能语言理论。Hymes 认为一个具有交际能力的人必须同时具备语言知识和使用语言知识的能力。交际能力包括以下几个方面的内容：①合乎语法：某种说法是否（以及在多大程度上）在形式上可能；②适合性：某种说法是否（以及在多大程度上）可行；③得体性：某种说法是否（以及在多大程度上）得体；④实际操作性：某种说法是否（以及在多大程度上）实际实现了。Halliday 认为语言的主要功能包括：①工具功能（instrumental function）：用语言获取他物；②调节功能（regulatory function）：用语言控制他人的行为；③互动功能（interactional function）：用语言与他人交流；④人际功能（personal function）：用语言表达个人的感情和思想；⑤启发功能（heuristic function）：用语言进行学习和发现；⑥想象功能（imaginative function）：用语言创造一个想象的世界；⑦表达功能（representational function）：用语言交流信息。

Widdowson 的语言交际观也是交际教学法的重要理论之一。Widdowson（1978）认为语言是表达意义的系统；语言的基本功能是交际；语言的结构反映其功能和交际用途；语言的基本单位不仅是语法和结构特征，还包括反映在话语中的功能和交际意义的范畴，语言系统与它们在话语中的交际价值之间存在着密切关系。Canale 和 Swain（1980）认为交际能力应该包括四个方面的能力：语法能力（grammatical competence）、社会语言能力（sociolinguistic competence）、话语能力（discourse competence）和策略能力（strategic competence）。

交际教学法主张教学应该以语言的表意功能为纲，强调语言的"以言行事"的功能，即"以言叙事""以言做事""以言成事"等言语行为。交际教学法强调语言是人们交际的工具，应将培养学生的交际能力放在首位，强调教学过程的交际化。交际教学法继承了语法教学的观点，不排斥语法，但反对以语法为纲，不排斥母语。

交际教学法的特点可以归纳如下：

（1）语言是交际的工具。学会一种语言不仅要掌握语言形式，还要培养在不同的场合恰当运用语言的能力。强调语言运用的得体性（appropriateness）。

（2）交际教学法大纲以意念、功能、交际活动为内容，强调在教材中使用自然、地道、真实的语言材料，如各种书籍与报纸杂志节选的文章或电影、电视和电台报道片段等。

（3）教学过程本身就是交际过程。在教学过程中，教师将言语交际作为教学的出发点，创设交际环境，将交际活动贯穿整个教学过程。

（4）采用多种教学手段组织教学。交际教学法主张采用各种不同的教学方式和手段进行教学，以满足真实交流的需要。

（5）课堂教学以学生为中心。在课堂教学中，学生是交际活动的主体。课堂活动的形式多种多样，可以是个人活动，可以是小组活动。

（6）正确对待学生的语言错误。交际教学法以培养学生语言交际能力为目的，更加关注学生表达意念和交流思想的能力，更加关注语言表达的流畅性，而不是精确性。语言错误在语言学习过程中不可避免，不要有错必纠，语言能力的形成是多次试误

（trial-and-error）的结果。

（7）综合运用言语交际活动的各个要素，如情景、功能、意念、社会因素、心理因素、语言知识和语言技能等，将听、说、读、写技能看做是综合的言语活动。

交际教学法首先是作为一种外语教学思想而不是一种教学法而存在的。交际教学法的教学思想不要求人们采用固定的、一成不变的教学模式和程序，而要根据实际情况来确定具体的教学方法。交际教学法的优点是培养学生掌握交际能力，教学过程交际化和促进实用英语的发展。不足之处是缺乏确定语言功能项目的标准、范围及教学顺序的科学依据。

◎ *活动教学法*

活动教学法是交际教学法的一个分支。英国语言学家 Jeremy Harmer 是活动教学法的主要倡导人之一，他比较系统地探讨了外语教学，并明确以"平衡"命名自己的教学思想，提出了"平衡活动教学法"（The Balanced Activities Approach）。平衡活动教学法在活动教学法中比较具有代表性。

Harmer（2007）的平衡活动教学法以交际性教学原则为理论基础，从学生所进行的课堂活动的角度来探讨教学法，如何在这些活动中达到一种平衡。平衡活动教学法认为教师的任务就是要确保学生能参与各种各样的活动，而这些活动是有益于语言学习和语言习得的；他还提出教学计划应该使语言输入和语言输出之间达到一种平衡；教学内容应与学习者的需要相平衡；课堂教学活动要与激发学习者的学习兴趣相平衡；教师的控制程度、学习者的自主程度与教学流程之间应该保持平衡。总之，就是整个教学过程中教师、学生和教材三者之间应该达到平衡。

在活动教学法中，"活动"有宏观和微观两个层次上的意义。宏观层次指教学大纲设计，即活动是大纲设计的主导思想，是连接大纲与课堂教学的纽带，教师必须按大纲的要求有步骤、有计划地实施。而微观层次是指课堂教学活动。教学的实质是交际，是师生之间的思想、感情和信息的交流，教学中师生主体作用的发挥是通过活动来展现的；师生构成双重主体，他们之间是平等、合作、协商的关系；并强调教师主体作用在于精心设计活动，组织活动，推动学生参与活动，保证学生自觉主动地进行信息输入和输出。信息的输入和输出是通过活动来实现的。

活动教学法的大纲设计和教学程序有以下特征：

（1）大纲设计：活动教学大纲的教学内容包括主题（themes），话题（topics）和活动（activities）三个部分。主题可以分为若干话题，再进一步分为若干小话题（subtopics），直至分到适合学生水平的单位（units）。活动通常分为三种类型：①语言成分的综合教学；②以意义为中心的情景化活动；③以语言使用为目的的交际活动。

（2）教学程序：活动教学法对教学程序的要求极富弹性，它不苛求严格依据某种一成不变的模式来教学，而是可以根据课堂教学的实际情况，自由确定其教学活动。活动教学法的基本教学程序为 PPP（Presentation，Practice，Production）模式，其教学原则特征：课堂程序以呈现新的语言为起点，以交际运用为终点，中间经历一个语言实践阶段。基本程序如下：

①呈现活动：呈现新的语言内容时要力求生动形象，使学生的智力、心理、体力都处于积极状态，以保证英语信息的输入和加工的顺利进行。呈现包括五个步骤：导入，启动，讲解，复用，活用。

②练习活动：练习活动是指新语言项目呈现后所进行的旨在训练听、说、读、写技能的活动。这些活动具有交际性，如信息沟活动（information-gap activities）、社交谈话（social talk）等。目的是为了操练语言，为下一步的交际活动做好准备。

③交际活动：用所学语言真实地、自由地交流思想，共同完成某项任务的活动称为交际活动。这些活动包括转述指令、解决问题、角色扮演、编述故事等。

　　活动教学法的核心是活动，教师的作用是组织课堂教学活动，创造和谐的师生关系，保证学生参与各种不同的活动。

3. 外语教学法——人文派

　　人文派教学法的出现是受人本主义心理学的影响。人本主义心理学认为，在学习过程中，学生的认知因素和情感因素都起着非常重要的作用。语言学习主要通过认知过程来实现，但解决情感问题有助于提高语言学习效果。消极情感如焦虑、害怕、羞涩等影响学习潜力的正常发挥；积极情感如自尊、自信、动机等能创造有利于学习的心理状态。人文派教学法强调，在教学过程中，教师要处理好师生之间的人际关系，关注学生的情感世界，营造良好的外语学习氛围，减少学习外语的压力和焦虑。

◎ 全身反应法

　　全身反应法（Total Physical Response）是 20 世纪 60 年代由美国心理学教授 James Asher 提出来的，是一种通过协调语言和身体动作来教语言的教学方法。Asher 在观察幼儿学习母语时，发现幼儿在会说话之前，已经进行了大量的"听"的活动。幼儿在听（输入）的过程中，用身体做出回应（输出），如用手、头和身体的动作等做出回应。Asher 认为成人学外语与儿童学习母语的过程是一样的，儿童在学会说话之前通过动作对语言指令做出反应，那么也应该允许成人在学习外语的过程中，有一段时间保持沉默，只用身体动作来表示是否理解了所接受的语言。由此他提出了外语学习的全身反应法。

　　在全身反应法中，Asher（2000）肯定了情感因素在语言学习中的作用，认为一种对学生的言语输出不作过高要求并带有游戏性质的教学方法可以减轻学生的心理负担，培养其愉快的学习情绪，从而提高学习效率。

　　全身反应法将语言和动作结合起来。教师口头发布指令，学生做动作，对教师的指令做出回应，这样做可以减轻学生语言输出时的压力。由于指令可以派生出无数的句子，学生就在行动中边实践边学到许多词汇和语言结构。

全身反应法的教学原则如下：

（1）理解能力先于输出能力，即听先于说。在语言学习过程中，先培养学生的听力理解能力，口语教学应推迟至听力理解能力具备之后，这样可以减少学生学习语言的焦虑。

（2）通过听所获得的技能可以迁移至其他语言技能中，如听力理解能力可以迁移到阅读、口语、写作等技能中。

（3）教学应强调语言的意义，而不是语言的形式。全身反应法关注的是学生对语言意义的理解和掌握，而不是语言的形式。

（4）教学应将学习者的语言焦虑减低至最低程度。全身反应法强调在教学过程中，教师要创设轻松、愉快的学习环境，充分发挥学生情感因素的积极作用，降低焦虑感，增强学习成效。

全身反应法的总体目标是在初级阶段培养学生的口语能力，而理解则是达到这一目的的手段。

Asher认为动词，尤其是祈使句中的动词是语言的中心内容，语言学习和语言运用都要围绕它来展开。Asher还认为目的语的大部分语法结构和成千上万的词汇可以通过教师熟练使用祈使句而掌握，因此，祈使句操练是全身反应法中的主要课堂活动，主要用来调动学生的身体行为和活动。其他的课堂活动包括角色扮演和幻灯放映等。

在全身反应法中，学生的任务是听和做，是听众和演员，他们必须认真听每一个指令以准确做出身体上的反应。学习者不能控制、左右课堂教学内容。

在全身反应法中，教师是导演，对教学起着十分积极和直接的作用。教师决定教什么，如何教。因此，在教学之前，教师必须认真做好准备，最好将课堂上每一个指令都写下来。

全身反应法自问世以来，在外语教育界引起了很大的反响，但也有一定的局限性。它主要适用于初级阶段的外语教学，不能教授复杂的、难度较大的语言项目，它的有效性还需要更多的教学实践来证明。

◎ 沉默法

沉默法（The Silent Way）是 20 世纪 70 年代早期由美国心理学家 Gattegno 提出来的，它主张在外语教学中，教师应尽量少讲话（保持沉默），多组织学生开展活动，学生应尽量多说话、多练习。Gattegno（1972）认为，外语教学方法应该建立在心理学的基础上，要重视学生，突出学生的主体性，以学生为中心，要注重培养学生的独立性、自主性和责任心。

在沉默法教学中，教师经常使用两套教具：彩色棒和挂图。彩色棒长短不一，用来教词汇（如颜色、数字等）和句法（如时态、语序等）。彩色挂图介绍发音、语法方面的知识。

沉默法的总体目标是通过语言的基本要素的训练培养初学者听和说方面的能力。沉默法采纳的是结构式的教学大纲，课程根据语法项目和词汇安排，新的语法结构和词汇被分割成小的组成部分逐一教给学生。

Gattegno 将语言学习看做一种发现问题、创造性地解决问题的活动，是一个通过自我意识和自我挑战的个人成长过程，学习者必须培养独立性、自主性和责任心，才能变无序的学习为有序的学习。

在沉默法中，学生的角色是多种多样的，有时作为一个独立的学习者，有时作为小组活动的一个成员，学生必须自行决定什么时候应该扮演什么角色。沉默法要求学生多听、多思考，在动脑的基础上开口。沉默是引起记忆的关键，是记忆的有效途径。在沉默中，学生更能集中注意力完成学习任务，沉默对语言发生、集中神经组织能产生积极、有效的作用。

在沉默法中，教师的主要特色是保持沉默。教师必须学会自我控制，对学生的成功和失误不轻易表露自己的情绪。总之，教师要给学生尽可能创造一个鼓励冒险、提高学习效率的环境。

沉默法的教学原则可以归纳如下：

（1）教从属于学。学生的学是第一位的，学生的学比教师的教更重要。学生是学习的主体，学生依靠自己，并对自己的学习负责。

（2）教师主要利用教具进行教学。教师先教发音，主要通过挂图等让学生理解和操练单词、词组和句子的语音、语调等。然后再进行句型、结构和词汇的操练。教师每说一句话，就通过彩色棒进行直观演示，接着让学生进行练习，直到练会为止。

（3）口语领先。沉默法首先培养学生的听、说能力，特别是用准的语音、语调进行说话的能力，然后再培养读、写能力。

（4）教师不改正学生的错误。教师不轻易改正学生的错误，教师的主要任务是帮助学生建立一套内在的判断正误的标准，从而自己改正错误。

沉默法的优点：重视学生的主体性，重视师生之间的情感因素。大量的语言实践活动有利于培养学生的语言能力和思维能力。沉默法的不足之处：教师话语是语言输入的重要来源之一，教师在大多数时间里保持沉默，使学生失去了重要的语言输入源。

◎ **暗 示 法**

暗示法（Suggestopedia）是 20 世纪 70 年代由保加利亚心理疗法专家 Lozanov 根据心理治疗的原则提出来的一种外语教学法。根据 Lozanov（1978）的理论，情感使学习者产生某种倾向和爱好。这种倾向和爱好不仅影响对将来行为的选择，而且刺激适当的生化变化，使学习者进入一种有巨大潜力的生化环境，思维和身体在这个生化循环圈（biochemical circle）中紧密结合，使学习者的身心进入到有效学习的准备状态。

暗示法将心理学和生理学理论结合起来运用于外语教学,旨在通过各种暗示手段,激发学生的学习动机,挖掘学生的学习潜力,消除学生的焦虑、紧张等情绪,从而最大限度地提高学生的学习效率。

暗示法强调教室的布置,音乐的使用,教师的权威作用等,Lozanov 认为权威性(authority)、稚化(infantilization)、双重交流(double-planedness)、语调变换、节奏和音乐是暗示法的重要特色。

Lozanov 认为人们往往对来自权威方面的信息记忆最深,受其影响也最大,权威性能显著增强学生对学习材料的记忆。洛扎诺夫提出了一系列使学生感受学校和教师权威性的做法,如学校的声誉、教师的自信、教师与学生的距离、教师的积极态度等。

稚化主要帮助成年学生通过参加各种活动,如角色表演、游戏、唱歌和体育活动等找回孩提时的自信、自发性和接受能力,从而消除紧张情绪。

在交际活动中,说话人发出的信息有两个层次:第一个层次是语言的内容,第二个层次是伴随语言内容的非语言信息。双重交流指学生不仅受直接的教学影响,还受教学环境(如教室的布置、背景音乐、教师的个性和教态等)的影响,这些边缘刺激对学生的学习同样具有重要的影响。

不同的语调可以表达不同的内容,对听者产生不同的效应。在教学中,教师采用不同的语调,可以表达真实的信息、强化言语的内容,同时避免学生因单调的重复而产生厌烦心理,使学生对教材的记忆效果更好、更持久。

暗示法的教学原则可以归纳如下:

(1)大量使用语言材料。要保证给学生充足的语言输入,并以学生最可能接受和记忆的方法将语言材料呈现给学生。

(2)有意识和无意识的统一、整体大脑活动的统一。不仅要调动学生的有意识活动,还要充分发挥学生的无意识作用,激发动机,挖掘潜力;注重开发大脑的右半球在语言学习中的作用，使大脑左右两半球协调配合，提高学习效率。

（3）提倡愉快、不紧张和放松式学习。创造舒适优雅的学习环境（音乐伴奏、教师和蔼可亲），消除学生紧张的心理状态，促使大脑轻松自如地活动，以增强学生的记忆力。

（4）借助母语进行翻译和对比。在教学中，教师适当借助母语对比、解释、翻译某些语言难点，以便学生更好地理解新的语言材料。

（5）鼓励学生大胆使用目的语，尽量少纠正错误。鼓励学生在理解的基础上，多进行练习；教师尽量少纠正学生的语言错误，维护学生自信心。

暗示法的优点：重视学生全部的身心活动，使学生调整出一个最佳的学习心理状态，并将所有注意力都集中到所学的内容上。不足之处：暗示法的教学模式在实践中有一定的难度，对教师的要求比较高。同时，暗示法忽视语言知识的传授和语言规则对语言运用的指导作用，在一定程度上会影响语言交际能力的培养。

◎ 社团语言学习法

社团语言学习法（Community Language Learning）产生于20世纪60年代初的美国，创始人 Curran（1972）将外语学习过程比作病人就医咨询、寻求医生帮助的过程，认为学习者在外语学习中遇到的问题和人们在心理咨询过程中遇到的问题非常相似。该教学法认为成人学习外语时，特别是在自己努力学习而又遇到挫折时，常在精神上受到来自共同学习的同伴们的压力，需要通过教师的鼓励与协助来妥善消除这些消极因素。

社团语言学习法将心理咨询理论和方法应用于外语学习，重新解释了教师和学生在语言课堂上角色，认定他们应该是咨询者（counselor）和被咨询者（client）的关系。在教学过程中，师生之间要相互信任、相互支持。教师要为学生提供一个安全的学习环境，有安全感的学生能自由地、直接地参与语言学习和思想交流。注重调动学生的情感因素作用，帮助学生认识自己、接受自己。社团语言学习法推崇全人教育理念，学习是学习者个人的发展过程，教师要为学生服务，帮助他们达到学习目标。

Curran 认为课堂学习气氛是一个决定性因素。他提出了 SARD 的方法，侧重于改善学生的学习情绪，尽可能减轻学生的学习压力和课堂上担惊受怕的心情。其中 S（Security）代表安全感，A（Attention and Aggression）代表注意和进取，R（Retention and Reflection）代表记忆保持和反思，D（Discrimination）表示辨别。

安全感：在教学过程中要消除学生的紧张情绪，使学生产生一种集体学习的安全感。只有当学生有了安全感时，才能更好地学习。

注意和进取：注意是信息加工的前提，因此，学生必须高度集中注意力，处于一种进取状态，积极参与课堂教学活动。

记忆保持和反思：当学生全身心投入到学习中时，所记忆的东西就内化为学生所掌握知识的一部分。在课堂教学中，教师要安排一段沉默时间，让学生思考、反省所学课程内容。通过发现、再认、记忆、思考等学习步骤后，学生对语言材料的记忆、保持更长久。

辨别：指学生对自己和其他同学使用外语知识具有的辨别正误和差异的能力，并能凭借语言材料类推出语言各要素之间的关系、功能和属性等。学生的分辨能力越强，越能将在课堂上学到的语言知识运用到实际交际中去。

社团语言学习法的教学过程大致如下：

上课时，师生围坐一圈，教师与学生十分平等地讨论问题，学生之间关系融洽，学生有安全感，自愿加强合作学习。任何一位学生都可以提问或发表自己的看法，初学者可以使用母语。教师使用外语重复学生的问题和观点，直到学生可以重复教师的话，并将他们用录音机录下来。另外一位学生对这位同学提出的问题或发表的观点做出回应，初学者可以使用母语。教师再用外语重复该学生的回应，然后学生重复教师的话，教师将这一过程用录音机录下来。教师将学生的录音放给他们听，并帮助学生分析句子的特点。经过多次练习，学生逐渐对这些话语熟悉起来，并能尝试用外语进行交流，教师可以放手让学生练习，学生运用外语进行的谈话就形成了。

社团语言学习法重视学生的学习心理，强调学生的自主学习能力，然而忽视了教师在外语学习过程中的指导作用，并且，运用社团语言学习法对教师要求较高，教师要具备较高的语言水平（母语和外语），具有较强的翻译能力。能成功地运用社团语言学习法进行语言教学的教师必须经过特殊咨询培训，否则，很难获得预期效果。

四、英语课堂教学方法

1. 讲述

讲述是一种最常见的教学行为。讲述又被称为直接教学。直接教学是一种以教师为中心的策略，在这种策略中，教师是信息的主要提供者。在直接教学中，教师的作用是以最可能直接的方式，将事实、规则和动作程序传递给学生。直接教学经常采用讲述—问答式讨论的范式，并结合使用解释、举例、提供练习和反馈。由此可见，讲述就是教师系统地向学生介绍、解释和说明学习内容，帮助学生更好地理解和接受所学习的内容。

从学生学习的角度来看，讲述实际上是教师为学生提供学习对象的行为，即教师以一种便于学生理解、接受的方式，向学生呈现所要学习的内容或对象。教师的呈现主要是促进和帮助学生思考，不能代替学生对学习内容的理解、消化和吸收，思考的过程必须由学生亲身去经历、去完成。讲述可能会带来的问题是学生被动听讲，不主动思考。因此，讲述一般不应单独使用，并且，不应超过 10~15 分钟。

讲述的过程一般包括准备、实施、总结等几个环节。在准备环节，教师要选择目标和确定内容，诊断学生已有的知识基础，选择合适的先行组织者，规划讲述的时间等。在实施讲述环节，教师要明确目标，呈现先行组织者，讲述学习材料，监控和检查学生对知识的理解情况。

2. 提问

提问是教师在课堂教学中运用最为普遍的教学行为之一。提问的主要功能：激发学生的学习兴趣或引起学生集中注意力，引导学生对问题进行深入的思考，用提问突出学习的重点和难点，引发学生之间进行讨论和交流。

根据 Bloom（1956）的教育目标分类，问题主要分为：（1）识记性问题：学生能够回忆信息，识别事实、定义和规则。学生只需根据记忆来回答问题，此类问题会限制学生思考，不能表达自己的想法。（2）理解性问题：学生能够通过转述或重新组织已经学过的知识改变交流方式。学生需要对已学过的知识进行会意、解释或重新组合。（3）应用性问题：学生能将已经学习的信息应用于新的情境。教师通过建立问题情境，让学生运用概念或规则解答问题。（4）分析性问题：学生能将一个问题分解为若干部分，并能在各个部分之间建立联系。此类问题需要学生的高级思维活动，要通过识别条件与原因，或者找出条件之间、原因与结果之间的关系来解答问题。此类问题往往需要教师的提示、分析与总结。（5）综合性问题：学生能将各个部分进行整合，以形成对问题的独特或新颖的解释。此类问题需要学生提取与问题有关的知识、并对这些知识进行分析和综合，能够激发学生创造性思维，适合进行课堂讨论。（6）评价性问题：学生能根据一定的标准对不同的方法、思想、任务的价值作出决策。此类问题需要学生从不同角度去认识与分析事物，通常需要教师的提示与分析。

提问教学的基本顺序如下（陈佑清，2011）：提问，等待学生回应，对学生的回应进行反应。在提问时，教师首先要把握提问的时机，即确定在上课的什么阶段、针对哪些内容提问；其次，教师要选择适当的提问对象，针对不同的学生提出不同的问题。

在教师提出问题到学生回应之间，应该有一个等待时间。等待时间的增加会有助于学生更愿意做出回答，更确信他们的回答，更愿意做出更多的回答。

当学生回答问题之后，教师要对学生的回答做出反应。教师的反应有多种方式：追问、使用积极的提示技术、处理不正确的回答、评价和强化。

3. 示范

示范是一种古老的教导行为。示范指教师自己表演或用媒体演示行为或思考的过程，并引导学生观察、模仿和学习的教导行为。示范与讲述的不同之处在于：示范主要以具体的形象、动作来呈现学习的对象，而不仅仅用语言符号讲述学习的对象。因此，示范具有具体、形象、鲜活的特点，容易引起学生的注意，并促进学生的学习。示范的类型分为行为示范、思维示范和态度示范三种类型。

示范是由多种教学活动构成的教导行为。示范教学不仅仅是教师演示，而是包含着由几个关键的要素，如讲解、演示、提问、应用、练习等。在示范教学中，学习者学习的内容主要有以下几个方面：学习者必须了解活动的程序步骤和执行的身体动作；学习者应该理解每一步骤的目的和各个步骤之间的关系；学习者一开始应得到正确和成功的行为示范指导；学习者必须练习活动步骤直至活动过程自动化。

示范教学过程有计划、实施、应用和练习等环节。在计划准备环节，教师要分析教学任务，准备工具、材料和设备，排练示范行为。在实施示范环节，教师要做好以下几个方面的工作：教学场景的安排，讲述、演示、提问和安全提示，教学辅助设施的使用等。在应用和练习环节，教师要给学生提供足够的练习机会，给学生布置作业让学生练习，监控和指导学生练习，纠正学生的错误，对学生提供个别指导。

示范教学通常有四个步骤。第一个步骤是吸引学习者的注意力，第二个步骤和第三个步骤是引导学生注意观察和模仿主要的动作，第四个步骤是协助学习者形成动作或技巧的心像。

4. 策略指导

策略指导的实质是指导学生如何进行自主学习。学习策略是指学习者在学习活动中有效学习的程序、规则、方法、技巧和调控方式。不同的学者对学习策略有着不同的解释（张庆宗，2011）。

Nisbert 和 Schucksmisth（1986）认为学习策略包括六个因素：

（1）提问：确定假设，建立目标和项目参量，寻求反馈及联系任务等。

（2）计划：决定策略及其实施时间表，建立项目或对问题进行分类，以及选择某些体力或脑力技能来解决问题。

（3）调控：试图回答或发现最初的问题和意图。

（4）审核：对活动和结果做出初步的评估。

（5）矫正：再设计或再检查，包括矫正目标的设置。

（6）自检：对活动和项目作最后的自我评价。

Weinstein 等人（1985）认为学习策略包括：

（1）认知信息加工策略，如精细加工策略。

（2）积极学习策略，如应试策略。

（3）辅助性策略，如处理焦虑。

（4）元认知策略，如监控新信息的获得。

Dansereau（1985）认为，学习策略是由相互作用的两种成分组成的，一种是基本策略，被用来直接加工学习材料，如领会和记忆策略，提取和利用策略等；一种是辅助性策略，被用来维持合适的进行学习的心理状态，如专心策略。辅助性策略包括三种策略：计划和时间安排、专心管理和监控。

Mckeachie 等人（1990）认为，学习策略包括认知策略、元认知策略和资源管理策略三部分。

　　学生对学习策略的掌握和选择存在着明显的个体差异。有研究表明，智商较高的学习者比智商较低的学习者更能自发地获得有效的学习策略。学习动机则决定学习者选择何种策略，动机强的学生倾向于经常使用已习得的策略，动机弱的学生则对策略使用不敏感；具有内在动机的学生较多使用意义学习策略，而具有外在动机的学生更多采用机械学习的策略。因此，教师要给学生一定的学习策略指导，以增强学生的学习成效。

　　学习策略教学的目标主要有三个方面：掌握具体的学习策略；学会自我执行并监控学习策略的使用（即学会什么时候、怎么运用某种学习策略）；了解不同学习策略的价值以及使用范围。

　　教师在进行策略教学时，可以使用以下两种模式：

　　（1）直接教学模式

　　在这种教学模式中，教师直接讲述某种策略的步骤和条件、口头报告自己使用策略的经验、列举策略使用的事例等方式，将某种学习策略直接呈现给学生，让学生理解和接受。

　　（2）交互式教学模式

　　在这种教学模式中，教师首先示范运用某种学习策略的过程，学生观察模仿，然后学生扮演教师的角色，教其他同学运用该学习策略，教师观察并给予评价，由此帮助学生学习和掌握该学习策略。

　　语言学习策略有别于一般学习策略，它既有一般学习策略的特性，又针对语言学习的特点，是语言学习者为促进语言学习而采用的特定的行为和技巧。许多研究者都赞同语言学习策略教学，认为语言学习策略是一种可以传授的知识。学习策略的培训不仅有利于学习者提高学习效率，增强学习效果，而且有利于探索适合自己的学习途径和方法，增强他们自主学习、自我指导和自我管理的能力。例如，O'Malley 和 Chamot（1990）设计了一套教学计划，称为"认知性学术语言学习法"（Cognitive Academic Language Learning Approach，简称 CALLA）。学习策略教学也列入其中，操作程序分为计划、监控、解决问题、评价四个阶段。

（1）计划阶段。教师布置一项学习任务并解释布置该任务的目的，然后要求学习者选择自认为有效的学习策略来完成该项学习任务。

（2）监控阶段。教师要求学习者在完成任务的过程中，随时监控自己的策略使用情况。

（3）解决问题。当学习者遇到困难时，教师要求他们自己寻找解决问题的途径和方法。

（4）评价阶段。任务完成之后，学习者要对自己使用学习策略情况进行反思，对策略使用效果进行评价。O'Malley 和 Chamot 报告说，在 CALLA 训练课上，"即使所教的学生不尽相同，教师都会发现这个模式适合于他们的各种情况"。他们还强调，策略教学要求教师具有较高水平的知识和技巧。

Oxford（1990）提出的策略培训方法旨在培养学习者的策略意识，并结合学习任务进行策略练习，对策略运用进行自我评估和监控等。到目前为止，研究者认为比较理想的做法：将策略培训与外语教学融为一体，教师结合外语学习的内容演示学习策略，学生在完成学习任务的过程中练习使用策略。策略训练的目标不在掌握策略的本身，而在于培养学习者的策略意识、扩大他们策略的选择范围、增强他们自我监控和自我调节的能力。

5. 反馈与强化

反馈与强化是学生学习过程中或者完成某种学习行为之后，教师对学生提供的反应。其中，反馈是运用正确的答案，给学生提供行为对错的信息；强化则是对良好的行为表现给予的正面的表扬或奖励。反馈让学生知晓自己的学习过程或结果的对错或好坏，从而对学生的学习进行激励、强化（当反馈的信息是对或好时），或者为学生的后续学习提供修订、加强等提示信息（当反馈的信息是错或不好时）。

反馈不一定使用对或错、正确或不正确这些词汇，还可以采用其他方式提供反馈。在课堂上，教师可以通过继续教学来表明一个行为是正确的，也可以使用其他微妙的提示如点头、微笑或扫视来说明。

教师对学生行为的强化会极大地影响学生行为的发生概率。强化是指向学生提供强化物，以增强其某种行为出现的可能性的过程。常用的强化物主要有以下几种类型（Slavin，2004）：

（1）自我强化。自我强化指学生进行的自我表扬，从记录上得知自己取得进步后、让自己得到短暂的休息，或者在完成任务或战胜困难后进行自我物质强化。

（2）表扬。像"You did a good job！""Well done！""I know you can."等口头表扬效果非常好。微笑、眼神、竖大拇指或轻拍后背等也可以传达同样的信息。

（3）关注。对孩子来说，得到自己看重的成人或同伴的关注是一种非常有效的强化物。倾听、点头或走近等，都可能给孩子提供他们所寻求的积极关注。

（4）评定和认证。评定和认证（如成绩证书）在由于学生的努力而给予他们积极的反馈，以及在向父母传达孩子进步的信息中是非常有效的。

（5）家庭强化。家长应该实际地参与对孩子强化的系统之中。教师可以与家长一起制定强化计划，当孩子达到具体规定的行为或表现的标准，家长就应在家中给予孩子某些特权。

（6）特权。但孩子有良好的表现时，可以让他们得到更多的自由时间、使用特殊的设备（如使用电脑查资料）的机会，或者可以充当某种特殊的角色（如替教师跑跑腿或协助教师分发材料）；让表现好的学生个人或小组提前休息、放学，或者让他们有其他的小特权。

（7）活动强化物。在达到既定标准的前提下，学生可以获得自由活动、看电视、玩游戏或从事其他有趣活动的机会。活动强化物对学生集体尤为有效，如果全班达到了某一标准，那么全班学生都可以获得自由时间或从事特殊活动。

（8）物质性强化物。孩子们因取得好成绩或有良好行为而获得积分，他们可以用这些积分换取小玩具、橡皮、铅笔、玻璃弹珠、小人书和各种贴纸等。如果孩子们可以在这些强化物中做出自己的选择的话，其强化效果会更好。

（9）食物。水果和其他健康小吃均可以作为强化物。

在课堂教学中，强化是教师经常运用的激励学生的手段。要达到较好的强化效果，应注意选择适宜的强化物，并在合适的时机给予强化。

五、英语教学基本环节

英语教学活动是一个完整的系统，是由一个个相互联系、前后衔接的环节构成的。教学活动主要包括备课、课堂教学、批改作业、课外辅导和教学评估等基本环节。其中备课和课堂教学是两个非常重要的环节，直接影响课堂教学效果。教师备课质量如何，主要看其教学资源开发是否全面、丰富，教学过程设计是否清晰、优化，课堂实施方案是否简洁、可行。

1. 备课

备课是教师充分掌握与利用各种课程与教学资源进行的准备与计划安排工作。备课是课堂教学取得成功的前提条件，是加强教学的预见性和计划性，充分发挥教师主导作用的重要保证。教师备课，必须对具体课堂教学的管理、实施、作业、辅导以及评价等具体过程和环节进行精心设计。外语教师备课的基本要求：

（1）全面了解学生的知识基础、认知能力、学习态度、思想特点和个性特征，通过分析学生水平，解决好新知识与学生现有知识之间的衔接问题。

（2）钻研教学材料。一是研究课程计划、课程标准或教学大纲，领会课程的基本理念和目标，把握教学的基本要求。二是研究课本，熟悉掌握课本的基本原理与知识体系，理解和掌握该单元设计的语言点，划分重点和难点。讲解新词汇、短语和新的语法的意义和用法。引导学生进行课文分析，对课文进行提问。

（3）根据教室设置、教学目标、教学内容以及学生的情况，教师可以设计教学方式，包括教学方法、教学手段、教学策略等。

（4）选择合适的材料充实教学内容，在可能的情况下，编写补充练习材料。

为达到上述要求，教师在备课过程中应做好以下工作：

（1）知识准备

知识准备是备课过程中的一个重要的环节。教师首先要了解教材、钻研教材，认真学习和领会教学大纲、教科书，熟悉课程标准。了解教材的体系和组织结构，掌握教材的基本思想、基本内容、基本概念及其内在联系。其次，教师要组织教材，要根据教学目的和要求，在紧扣教材的基础上，对教材内容重新进行布局、合理取舍，使教学内容重点突出，层次分明，条理清晰，逻辑性强。再次，教师要勤于搜集和积累资料，这样既能增强教师的教研、科研能力，又有助于教师深入理解教材，充实教学内容，使教学内容更加丰富生动，使学生易于领会和接受，达到教研相长的目的。

（2）学情分析

在备课过程中，教师要了解学生的实际情况，如学生的学习兴趣、学习方式、原有知识基础、认知水平、学习准备状态等，分析学生在接受新知识时的心理活动，合理设计课堂教学，使教学活动更具有针对性，做到因材施教，增强教学效果，以提高学生的学习成效。

（3）教法确定

教师要根据教学任务和教材内容的特点及学生的具体情况，教师要以正确的教学原则为指导，确定合适的教学方法，有效地向学生传授新知识。教学方法的选择和运用是否得当，主要看学生的主体作用是否发挥出来，学生的学习积极性是否调动起来，学生是否学习和掌握了新知识。

2. 课堂教学

课堂教学的基本步骤指一节课教学中师生活动的组成部分，各组成部分之间的顺序和联系以及时间分配的组织形式。课堂教学要遵循目标明确、内容正确、方法得当、组织严密、效果良好等基本要求。

教学目标不仅要体现课程标准和教学大纲的要求，而且要符合学生的实际情况，同时，教学目标要力求实现认知、技能和情感目标的统一。内容正确是圆满完成教学任务的重要保障，正确的教学内容应该体现科学性和思想性的统一。方法得当即教师根据教学目标，遵循学生认识发展规律，灵活运用教学方法与教学策略，做到书本知识与直接经验相结合，传授知识与发展能力相结合，教书与育人相结合，统一要求与因材施教相结合。组织严密指教师既要注意教授，又要指导学生和组织学生进行学习，以保持教学活动的互动性与有序性，避免教与学脱节。同时，要求教学活动结构安排紧凑，教学时间分配合理，以提高教学效率。教学效果是检验上课是否成功的重要标志。教学效果是否良好，可以从学生的课堂反应、作业质量与学习成绩等方面体现出来。

一节外语课通常包括以下几个基本步骤（章兼中，1997）：

（1）组织教学

组织教学的作用是使学生在课堂教学过程中做好准备，集中注意力，激发学习动机，积极参与学习。在这个阶段，教师可以组织一些让学生预热的活动，如复习上一节课所学的知识点，为讲授新课做准备。此外，在这一阶段中，教师要明确本节课的教学目标，让学生做到心中有数。

（2）讲授新知识

这是一节课的必要环节。新知识出现之前要有一个自然导入过程。在知识呈现过程中，教师要明确话题、语言结构和语言功能，要由简入繁，由易到难，逐步引导学生接触新的语言知识或语言现象。教师需要运用一定的技能和技巧来处理教学内容，使教学内容通过教师的"呈现"而内化为学生自己的经验，促进学生的发展。常用的教学呈现技巧主要有导入、解释、结尾和讲座。导入指为了将学生的经验与一节课的目标联系起来，由教师设计的行动或陈述。解释指为了澄清学生尚未理解的概念、程序或过程，由教师设计的有计划的讲解。结尾指为了把一节课的呈现活动引向一个恰如其分的结论，由教师设计的行动或陈述。讲座是为了引导和满足学生对新知识和新技能的需要，向学生呈现他们未曾有的信息，扩大学生的视野，激发学生探究的兴趣。

在课堂教学中，语言接触或呈现经常采用以下两种模式：

演绎式：教师首先呈现知识，向学生呈现新的语言规则或语言现象，之后学生进行语言结构训练，最后学生结合实际应用所学知识。

归纳式：首先教师呈现实例，学生观察语言现象，自行发现语言规律或规则，之后教师给予反馈，学生进行语言训练，最后学生结合实际应用所学知识。

（3）控制性语言练习

外语学习需要控制性语言操练，目的在于保持、再认识、再现新学知识。学生在获得新的语言知识或语言现象之后应及时进行操练，才能将新学知识吸收和内化。控制性语言操练活动对练习的结果有比较严格的控制，只能有一个答案。围绕控制性语言练习的教学活动一般是机械性或者半机械性语言知识的训练，学生在某一个特定的话题下，通过机械性练习，不断巩固和强化语言发音、词汇或结构。

（4）实际运用阶段

这一阶段主要是涉及学生实际运用语言的任务，检查学生一堂课的学习是否达到课程标准，具体来说，主要看学生能否运用本节课所学的知识来表达自己或接受信息。该环节符合任务型教学的要求。

（5）布置作业

作业是课堂教学极为重要的辅助措施，是课堂教学的延伸，主要作用是促进学生及时复习、巩固当天学习的内容，加深记忆和保持。通过完成作业，学生可以巩固课堂所学的知识，形成技能、发展能力，养成独立思考和自觉学习的习惯。

教师可以根据不同的目的布置不同性质的作业。为帮助学生加深对知识点理解和认识，并形成知识运用能力，可以布置复习性作业；为培养学生的思维能力和创造力，可以布置扩展性作业；为了了解学生掌握知识的深度和广度，可以布置检查性作业。预习也可以作为作业的一部分，预习新课是培养学生自主学习的能力。

作业是检查教学效果的重要手段。教师必须及时认真地批改作业，对作业中存在的普遍问题进行集体订正，并适时对作业写出评语以帮助学生调整与反思学习状况。通过批改作业，教师可以了解学生的知识掌握和运用情况。同时，对作业中的错误原因进行分析，教师可以进一步获得反馈信息，以便对教学做出有针对性的改进，从而提高教学质量。

英语作业的类型很多，按照作业的性质，可分为操作性练习、复习性练习和应用性练习。按照作业的形式，可分为口头作业、笔头作业和听力作业等。以下是常见的几种课外作业：

（1）口头作业

口头作业主要包括模仿录音、朗读、背诵和复述课文、根据课文内容回答问题、根据情境练习对话等形式。其中朗读和背诵练习尤其适合入门阶段的学生，是促使他们正确掌握英语字母、音标、单词等发音并加以记忆的行之有效的手段。这些作业形式对强化学生记忆、加深对课文的理解、培养语感都有着积极的促进作用。

（2）听力作业

听力作业主要是教师要求学生在课外听课文录音或与课文难易程度相当的其他辅助材料并加以模仿，是训练学生掌握正确的语音语调和培养语感的一种有效的方法。听力作业要取得家长的配合，以督促学生保质保量地完成作业，收到预期的效果。对于高年级学生来说，教师还可以发给学生一些课外听力材料，让学生在课外独立听录音并完成听力理解练习题，如：正误判断、填空以及多项选择题等。

（3）笔头作业

笔头作业是英语课外作业的最基本形式。对于初学者，教师要适量布置抄写和默写作业，要求学生抄写英语字母、音标、单词、句子、课文等，这对于强化学生记忆有帮助。对于高年级学生来说，笔头作业要相应地增加难度，要布置一定的翻译、造句甚至作文等作业，以训练学生运用英语表达思想的能力。

3. 课外辅导

课外辅导是课堂教学的补充和延续部分。辅导的方式有多种多样，有答疑、辅导作业、补课等。课外辅导的目的在于针对学生的个体差异进行因材施教。课外辅导有集体辅导和个别辅导两种方式。集体辅导，是对学生共同存在的问题进行全班辅导或小组辅导。个别辅导，是对不同学习能力的学生分别进行辅导，对学习成绩落后、知识基础薄弱的学生要补课，对学习能力强、学习成绩好的学生要适当为他们增加学习内容和加深难度，以充分发掘他们的学习潜力，满足他们的学习需求。把课外辅导工作做好，可以提高课堂教学的质量和效率。

在英语学习中，学生常犯的错误：发音不准、单词记忆困难、"哑巴英语"、逐字认读、交际性错误等，教师要有针对性地对学生进行辅导。

（1）发音不准

学生学习英语的难点之一是发音，纠正的主要方法：找出学生发音错误的原因，介绍正确的发音方法；教师示范正确的发音，让学生仔细听音并模仿；利用录音机正音，将学生的发音录下来，将录音再放给学生听，并将其与正确发音进行比对分析，指出两者之间的差别。

（2）单词记忆困难

记忆单词困难是学生学习英语所要面对的另一难题，解决的方法首先是让学生了解单词读音与拼写之间的对应关系，掌握英语拼读规律；除了记忆单词的读音、拼写之外，还要帮助学生记忆单词的意义和词类，以及使用的场合；通过上下文语境记忆单词。

（3）"哑巴英语"

许多学生由于发音不准、不会拼读或者怕读错受人讥笑，常常不敢大声朗读，更不敢开口说英语。教师要鼓励学生多开口，并且布置一些他们力所能及的口头交际任务，促使他们多说多练。

（4）逐字认读

这是学生在进行英语阅读时经常出现的问题，主要表现为用笔或手指指着每个单词慢慢地看，边看边念。这样做就把一些有意义的词组、短语人为地分割成孤立的、互不相连的单词，不仅影响阅读速度，而且容易误解原文意思。教师要告诉学生，阅读时要把单词、短语当做一个有意义的单位来对待，即以意群为单位来分解句子。

（5）交际性错误

交际性错误主要是由于学生对英语国家的文化风俗习惯的不了解，从本民族的思维习惯出发，按本民族的风俗习惯进行交际而引发的。如唐突地询问外宾的年龄、家庭、婚姻状况等，与外国人见面时问："Where are you going?""What have you eaten?"解决此类问题的方法：教师让学生了解中英文化的差异，对不同的文化风俗进行比较；并帮助学生根据不同场合，学会用正确、得体的语句进行交际。

4. 教学评价

教学评价是教学不可或缺的一个环节，是诊断学生学习状况和教师教学效果、调控教学的重要手段。教学评价的功能主要表现在以下几个方面：

（1）诊断与总结。教学评价是运用一定的工具对教师的教和学生的学的过程和结果进行测量，然后依照教学目标对测量的结果进行分析、比较，获得对教学状况的全面把握，如取得的成绩、存在的问题、需要加强和改进的地方等。

（2）反馈与鼓励。教学评价的另一个功能是为教师的教和学生的学提供反馈信息。全面准确的评价能提供有效的反馈信息，为教师改进教学方式和学生改进学习方式提供方向性的指导。同时，通过教学评价，教师和学生能够准确地了解自己工作和学习的效果、取得的成绩，从中获得自我效能感和成功的喜悦，激励他们在后续工作和学习中继续努力。

（3）检查与甄别。从管理的角度来看，教学评价的结果可用于检查教师教学工作或学生学习实现预定目标的情况，为科学的管理决策提供依据。同时，许多评价是为评选和甄别服务的，如评选优秀学生，选拔学生进入不同的中学或大学等。

按照评价在教学中产生的时间、作用和功能，可以分为形成性评价和总结性评价。形成性评价强调测量教学单元所要达到的学习结果，教师用测量的结果来诊断和改进教学。形成性评价可以通过课堂活动记录、学习档案记录、周记、问卷调查、访谈和座谈、师生讨论、日志等方式全面地评价学生的学习过程和学习结果，使评价更全面、更有效度。

总结性评价通常在一门课程或教学活动结束后进行，目的是判断是否达到教学目标，检查教学的有效性和教材教法的适当性，考核学生的学习效果，确定学生的最终学习成绩。总结性评价与后续的教学准备密切相关，如教学目标的制定，教学内容的讲解，教学资源的配备，编班分组等，同时，对学生以后的学习情况有预测作用。

形成性评价和总结性评价各有所长，建议教师综合使用评价方法。

按照评价的标准化程度，可以将教学评价分为教师自行设计的考试和标准化考试。标准化考试的测量工具是由相关专家设计和研制的，考试的过程和评分方法对所有考试对象都具有一贯性和统一性。教师自行设计的考试，在试卷设计、考试时间、监考方法、评卷标准把握等方面显得灵活多样，因不同的教师而有不同的变化。

按照评价手段或方法的不同，教学评价有纸笔测验、表现性测验、档案袋评价等不同类型。

六、英语课堂教学的组织与管理

教学大纲和教材中的指导思想和要求，只有在课堂上才能得到具体的体现。课堂也是教师和学生交流的主要场所，是教师调控学生情感因素、协调学生学习行为的地方；同时也是学生获得主要的可理解性的目的语输入，如教材内容、教师语和同伴语的重要场所。因此，无论是在传统的外语教学法还是在一些新的教学方式中，课堂教学都是特别重要的教学环节。

1. 外语课堂教学的组织

组织和实施有效的外语课堂教学，教师应该首先确定教学目标，根据教学目标合理组织教学内容，分析教学对象，掌握学生的需求，在具体教学目标和教学内容的指引下选择适合教学对象的教学形式、手段以及教学媒体进行教学，确立评价方法，同时实施切实可行的课堂管理，如纪律管理和环境管理等。

（1）确定教学目标

确定教学目标是教学设计的重要环节。教师必须在实施教学内容之前明确教学目标，同时，根据教学目标时间的长短，制定相应的学年目标、学期目标，甚至是月目标和周目标等。建立目标有两个步骤：一是以内容、教学理念和对学生需求评估为基础，列出具体课程所有的目标；二是将目标形成教学计划。适时、准确地确定教学目标不仅有利于学生提高学习成绩，有效地促进课堂行为和学生的交流，而且有利于教学评价和测试。

（2）组织教学内容

在教学目标的指引下，根据不同知识类型和课型，教师应组织不同的教学内容。课程内容分为两个组成部分：语言本身（如语音、语法、阅读技能等）和用语言表达的思想和主题，语言内容提供了载体，话题内容是语言运用的依托。教师可以以语音、词汇和语法为主线，也可以以话题、情景、意念、功能为主线来规划教学。既要培养学生的听、说、读、写、译等基本语言技能，又要加深学生对语言文化的了解和认识。

（3）课堂教学时间的控制

课堂教学时间的控制主要包括课堂时间控制和对师生活动的空间控制。前者是教师对各个环节的教学时间的控制，使教学活动能够按计划进行；后者是对学生参与的课堂活动进行必要的时间控制，以完成教学计划。课堂教学时间分为课堂教学的开始、进行和结束三个阶段。

开始阶段：教师明确给出"上课"指令后，简明扼要地介绍这节课的主要内容，然后采用适当的方式进行课程导入。

进行阶段：该时间段既包括教师授课的时间，也包括学生学习的时间和师生互动的时间。一节课中学生思维、记忆的最佳时间是上课后的 5~20 分钟。教师应在最佳时间段里，确定和完成主要教学任务。教师在安排好授课时间之外，还要安排好学生的学习时间，使课堂教学得以有效地进行。

结束阶段：在课堂教学结束阶段，教师要简洁地归纳和总结这节课的主要内容，布置作业。询问学生对教学内容的掌握情况，获得学生对课堂教学的反馈，以利于后续教学的调整和改进。

（4）分析教学对象

学习者作为教学对象始终是教学过程中的重要角色，因此对学习者的情况予以分析是教学过程中的必要环节。首先，外语教师应该对学生作需求分析（needs analysis），了解学生的需求、喜好、学习外语的目的，需求分析是教师与管理者、家长与教师、教师和学生之间一种有效的沟通方式；外语教师还应该从学习者学习外语的动机出发，分析和观察学习者的学习态度，同时将学习者的学习动机、学习态度与学习者的语言能力和背景知识相结合，制定出富有个性化的教学内容和方案。

（5）选择教学方法和教学形式

教学方法的选择受许多因素的影响和制约，这些因素主要包括：①学生的认知过程②教师角色③教师语言④语言的真实性⑤流利度和准确性的关系⑥学生的创造性⑦教学技巧⑧听说目标⑨读写目标⑩语法。

一般而言，可供选择的基本教学形式有课堂讲演、课堂提问、课堂自习和小组讨论四种，此外，可供我们选择的特殊教学形式有发现学习、探究学习、合作学习、问题解决、模拟和游戏、生成学习、情景性教学、交互式教学、支架式教学以及个别化教学等。具体到外语课堂上，除了课堂讲授之外，活动类型和方式很多，一般采用的活动类型有独白、对话、配对活动、小组活动、哑剧、讲故事、角色表演以及各种各样的游戏等。

（6）纠错的技能

纠错是指教师在教学过程中，对学生的听、说、读、写等实践活动中出现的各种问题给以指导和帮助的一种方式。正确、巧妙地纠错能对学生形成良好的语言学习习惯、提高语言表达起到良好的效果。

产生错误的原因：语际干扰、语内干扰、交际策略缺失等。语际干扰指学生的母语对英语学习的影响。语内干扰指学生根据已获得的、有限的、不完整的英语知识和经验，类推出偏离规则的错误语言形式。交际策略缺失指在交际中由于语言知识的欠缺，不知如何恰当、得体地表达而导致错误的产生。

在纠错之前，教师首先要分清错误（error）与失误（mistake）。错误是学习者的语言知识缺乏而导致的，是语言能力不足的体现。失误是由于学习者说话和写作时精力不集中、疲劳、紧张、粗心等情绪因素影响了语言信息处理而造成的，属于语言表现，也是母语使用者经常出现的语言现象。教师要纠正的应该是错误而不是失误。

纠错的方法大致分为直接纠错、间接纠错、集体纠错等。

◎ 直接纠错

在学生进行语言实践时出现错误，教师直接指出学生的错误，说出正确的形式，并让学生重复正确的答案。在机械性操练或让学生根据课文内容回答问题时，经常采用这种方法。

◎ 间接纠错

间接纠错主要指教师间接、含蓄地指出学生的错误，如：

T：When did you begin to study English?

S：I begin to study English two years ago.

T：Oh, you began to study English two years ago.

在间接纠错时，教师可以帮助学生扩展句子，尽可能多地表达意思，如：

T：I am very interested in sports.

S：Are you? I am very interested in sports, too. What particular sports are you interested in?

T：I am interested in playing football.

S：Very good.

学生的有些错误是由于口误或粗心大意或操练没有达到自动化程度而产生的。教师只要稍加引导，引起学生的注意，学生就会自行纠正错误。

◎ 集体纠错

当学生对自己的错误不能自我纠正时，为了引起全班同学的注意不犯类似的错误，可以在课堂上集体就错。

（7）教学评价

教学评价包括：对学生需求的评价，对学生学习的评价和对课程教学的评价。评价可以是形成性的，也可以是终结性的。形成性评价是在课程进行之中进行的，贯穿在教学的全过程。它通常提供的信息：学生在学习中的表现，在学习中学到了什么，课程是否符合学生的需求等。终结性评价是在课程结束时进行的，它提供的信息是全部学生的成绩以及整个课程的有效性。

2. 外语课堂教学的管理

课堂管理是教育心理学的一个重要研究领域，其根本目的是创设良好的学习环境和条件，促进学生有效地学习。研究表明，有效的课堂管理具有以下几个重要特征（庞维国，2003）：

（1）详尽的管理计划。能做出详尽的管理计划并把自己期望告知学生的教师，往往能提高学生的学业成绩。

（2）制定有效的规则。其目的是为了促进学生的学业成绩和交往能力。此时，教师不仅能够清晰地表述这些规则，而且还要教会学生如何遵守。

（3）监控课堂情景。教师在某些学习活动的开展过程中，让每个学生对自己的学习行为负责，并且监控学生的完成情况。他们还通过营造合适的课堂物理环境，如座位来监控学生的课堂行为。

（4）适时做出课堂记录。善于管理课堂的教师往往会及时记录学生的课堂表现，其中不仅包括学生的不良行为，也将学生好的课堂表现记录下来。

3. 有效管理外语课堂的策略

（1）营造和谐的课堂人际关系

课堂中的人际关系直接影响课堂气氛，影响学生与教师和同伴的互动，因而也必然影响学生的学习。课堂中的人际关系主要包括师生关系和生生关系。建构主义认为，在课堂教学中，教师应该从传统的知识传授者的权威角色，转变为学生学习的帮助者和促进者，成为学生学习中的合作者。教师除了具备专业知识之外，还应该有人格魅力。教师要有积极的情绪、平和的态度、乐观的心态，构建平等和谐的师生关系。只有建立起平等和谐的师生关系，学生才能成为学习的主体。在良好的班级环境中，教师可以有效地组织各种各样的口语活动、小组活动等，可以最大限度地调动学生学习外语的主观能动性，从而提高学生的学习效果。因此，建立良好的师生关系和生生关系对开展外语教学活动是十分重要的。

（2）制定有效可行的课堂纪律

课堂纪律是指为了保障或促进学生的学习而为学习者设置的行为标准和施加的控制。制定出有效可行的课堂纪律，有助于维持课堂秩序，减少学习的干扰，也可以帮助学生获得情绪上的安全感（庞维国，2003）。在课堂管理中可以运用行为分析与矫正，推动教师不断加强有效的行为，同时，减少学生破坏性和不当行为的发生。外语课堂上所制定的课堂纪律应该是民主的，而不是控制式的。只有在民主、宽松的课堂纪律的指导下，外语学习者才能获得和谐和稳定的语言学习气氛，才能够最大限度地消除学习者对学习语言的畏惧心理和焦虑情绪，只有这样才能保证外语学习的效果。

（3）采用积极有效的激励方式

教师要关注学生的情感状态，充分发挥学生情感因素的作用，以增强教学效果，完成教学目标。在课堂教学和管理中，教师要善于发现学生的优点和长处，采取积极有效的激励措施以激发学生的学习动机，如表扬、鼓励和奖励等。激励可以包括外部激励、自我激励、相互激励等；激励又有不同的形式，如实物激励和精神激励等。在外语课堂中，教师多采用的是口头表扬的方式，如对表现好的学生给予"Wonderful!""Good!"或是"Very good!"等口头反馈。同时，教师应该注意相互激励和自我激励在外语学习过程中的重要性，特别是在开展小组活动时，相互激励甚至比教师的口头激励更有效。

（4）关注课堂物理环境

在课堂中，某些物理环境因素会对学生的学习产生影响，如位置安排、温度和光照等。不合适的物理环境往往会对学生产生消极的情绪反应，如焦虑、心慌等，因此不能将注意力充分集中在学习任务中，从而影响学习效果。教室要整洁安静，大小适中；学生桌椅安排成半圆形，有利于教师进行交流，保证教师随时能看到每一个学生；教室布置要与教学目标与活动具有一致性；教师的板书务必整齐、清楚，保证学生轻松自在地看到教学的呈现与展示；教师的音量要适中，语速要恰当；教师仪态要得体，体态语言要具有较强的表达力。

七、英语学习测试与评估

语言测试与语言教学的关系非常密切，是语言教学过程中的一个重要的有机组成部分。随着测试实践的深入，语言测试不断从语言教学法、语言习得理论、学习理论、认知科学中汲取学科内容，从心理测量学中获得方法和手段，已逐渐成为语言学的一个分支学科。

语言测试主要用于外语教学和外语研究，是衡量外语教学成效的重要手段。语言测试为外语教学提供反馈信息，对教学具有积极的反拨作用，测试结果对改进教学方式、提高教学质量有着不可低估的作用。

1. 语言测试概述

《朗文语言教学及应用语言学辞典》（Richards, et al., 2000）将测试定义为"任何衡量能力、知识或表现的做法"。Carroll（1968）将测试定义为"用来获取某些行为的做法，其目的是从这些行为中推断出个人所具有的某些特征"。

总的来说，测试通常用量化指标（如分数、等级）来解释或区分考生的语言行为，是一种具体的、为获取某一行为样本而设计的定量分析方法。

按照不同的学习阶段、考试目的、语言项目以及对成绩的诠释，测试可分成以下不同的类型。

从测试目的来看，测试可分为：水平测试（proficiency test），学业成就测试（achievement test），诊断性测试

（diagnostic test），编班测试（placement test）。①水平测试检测学习者的语言综合运用能力和对语言的整体掌握情况，不与特定的课程相联系。②学业成就测试检测学习者对某一特定课程或教学大纲的掌握情况。学业成就测试与教学大纲联系密切，所测试的内容必须在教学大纲的范围内。③诊断性测试可以显示学习者对某些语言知识和技能的掌握情况，可以及时发现问题，为老师提供教学效果或教学质量方面的信息，从而增强教学的目的性和针对性。诊断性测试在教学过程中可以随时使用，不受阶段的限制。④编班测试用于测试考生的水平，将他们编成不同的班级。

根据对考试成绩解释的不同，测试可分为：常模参照考试（norm-referenced test）和标准参照考试（criterion-referenced test）。①常模参照考试旨在将某一个考生的分数与同一考试中其他考生的分数进行比较，也就是说，对一个考生成绩的解释是相对于其他考生的成绩而言的。②标准参照考试通常根据某一既定标准来解释考生的成绩，即衡量考生是否达到了预期标准。

根据评分方法的不同，测试可分为：主观考试和客观考试。①主观考试是按照阅卷人个人判断进行评分的考试，没有统一规定的标准答案。常见的主观考试有翻译、写作考试。主观考试通常信度低，效度高。②客观考试有标准答案，信度很高，但效度不高。客观考试通常包括多项选择题和正误判断题。

根据语言考试项目的不同，测试可分为：离散项目测试（discrete-point test）和综合性测试（integrative test）。①离散项目测试是测试单个语言项目的测试。离散项目测试的理论基础是语言由不同的成分，如语法、语音、词汇等成分构成，各组成成分可以单独进行测试。离散项目测试通常采用多项选择题的形式，每道题只考一个考点，主要测量学生的语言知识，而不是语言能力。②综合性测试可以同时测试多项语言知识和技能，主要考察学生的综合语言能力。综合性测试的特点是在语境中考查学生的语言知识和技能，侧重考查语言的意义，而不是语言的形式。

2. 语言测试的信度

信度（reliability）是衡量语言测试的一个重要标准。信度指某一测试的测量结果在多大程度上具有一致性。简言之，就是测试结果的可信度、可靠度，也就是考分的一致性。语言测试信度的高低主要说明测试结果在多大程度上反映了受试者真实的语言行为。如果某一个测试在不同情况下或对不同的人进行施测时，都能得出相同的测试结果，那么该测试就具有较高的信度。测试的信度通常用相关系数来表示，相关系数一般为 0.00~1.00，相关系数越大，信度就越高，相关系数越小，信度就越低。人们通常用以下 3 种方法来测定测试信度：重复测试法，平行卷测试法，对半分析法。

（1）重复测试法

重复测试法（test-retest method）就是对同一组学生使用同一份试卷来确定试卷的信度。两次考试之间需间隔一段时间，否则学生在第二次考试时会凭借记忆答题。重复测试法需要控制一些变量，如要控制学生在两次考试期间进一步学习新的内容而获得进步等。

（2）平行卷测试法

平行卷测试法（parallel-form method）指同一测试用不同的试卷来测量学生完全相同的语言技能或能力。不同的试卷使用相同的测试方法，并且在考试的内容、题量、题目的难度、试卷的长度等方面都必须吻合。一般来说，如果平行试卷测得的分数相近，那么就表明这次测试是有效的。

（3）对半分析法

对半分析法（split-half method）指根据试卷两个对半部分(如单号题目的得分和双号题目的得分，或前一部分试题和后一部分试题) 的相关系数的计算来估计试卷的信度。两个部分分数的一致性越高，试卷的信度也就越高。因此，对半分析法通常用来测定内部一致性信度（internal consistency reliability）。

3. 语言测试的效度

效度（validity）是衡量语言测试的另一个重要标准。语言测试效度是指测试是否或者在多大程度上测量了它所期望测量的内容，考生的成绩是否合理地说明了该考生的语言能力。语言测试的效度表明的是一种相关性（relevance），即测试与测试目标的关联程度。效度主要包括以下几个方面的内容：表面效度（face validity）、内容效度（content validity）、标准关联效度（criterion-related validity）、结构效度（construct validity）。表面效度、内容效度和结构效度是测试的内在效度（internal validity），标准关联效度指测试结果是否或在多大程度上与一些外在标准相关，因此是测试的外在效度（external validity）。

（1）表面效度

表面效度指测试的"表面可信度或公众的可接受度"（surface credibility or public acceptability）（Ingram，1977）。即表面效度指测试是否达到预先设想的测量知识或能力的程度，通常由观察者的主观判断而定。例如，阅读测试中如果有许多学生尚未掌握的词汇，那么，该阅读测试就缺乏表面效度。

（2）内容效度

内容效度指所要测试的语言技能、语言结构等方面具有代表性的要素，以测试能充分地测出所要测量的技能的程度为基础。例如，语音技能测试，如果只测试正确发音所需技能中的一部分，如只考单音发音，而不考该单音在单词、语句中的发音，其效度就会很低。

（3）标准关联效度

标准关联效度指该测试与某一个"独立并且相当可靠的学生能力测试工具"（Hughes，1989）之间的关联程度。这里的标准是指后者。如果两者之间的关联度高，就表明前者具有标准关联效度。标准关联效度包括同期效度（concurrent validity）和预测效度（predictive validity）。

同期效度指该测试与某一个旨在测量同一技能的测试的相关

程度。由于后者作为验证前者标准关联效度的标准和尺度，因此，在选择"标准"试卷时，要注意试卷本身的信度和效度，试卷的难度和题型要与被比较的试卷相仿和一致。预测效度指某一测试是否能较好地预测出被试者将来的语言水平。

（4）结构效度

结构效度是语言测试的主要效度，是一切其他效度的基础。"结构"在测量学中是指待测量的属性或事物，在语言领域中可以指"交际能力"、"英语能力"等。人类社会在发展进程中不断发现需要测量的事物，设计出合适的测量手段或工具至关重要。检验有关测量工具能否有效地用来度量某个属性——"结构"——就是建立该工具的结构效度。结构效度指测试项目反映某个理论的基本方面的程度。例如，某一交际能力测试和交际能力理论的关系越大，该测试的结构效度就越高。

Alderson（1995）等人认为，可以用定性和定量这两种方法来确定测试的结构效度。定性的方法是由专家依据相应的结构理论来评定测试题目或任务与所要测量的结构的对应关系；也可以使用语篇分析法研究受试的"产品"（产出的语言），并将其语言和语用特征与结构定义加以比较。定量的方法：测试项目的相关分析，测试成绩和考生特征之间关系的分析以及因素分析等。

（5）效度与信度的关系

如上所述，信度是指测试结果（分数）的可靠性，主要说明考试结果与语言行为之间的关系。效度是指测试达到预定目的的程度，反映所测试的语言行为与语言能力的关系。一项测试如果没有信度，也就无所谓效度，信度是效度的前提或必要条件。然而，有信度的测试未必就一定有效度。例如，用一份信度较高的听力试卷去测试学生的阅读能力，即使测试结果具有较高的稳定性，该测试也不具有效度。

对于一项测试来说，信度与效度都是必不可少的。效度要求语言测试注重语言的整体性、艺术性、测试题目的多样性（diversity），测试的内容和形式尽量接近语言运用的实际。信度要求语言测试强调语言的科学性，将语言进行分割处理，注重测试题目的同质性（homogeneity），使语言测试的内容与形式脱离语言运用的实际。因此，任何测试都难以兼有极高的信度和极高的效度。例如，以离散项目测试为主要特征的结构主义语言测试能保证较高的信度；而强调以真实的语言为测试内容的交际测试能保证较高的效度。因此，语言测试应侧重考虑效度要求，在此基础上尽可能地追求信度。有时为了提高效度而牺牲一定程度的信度是必要的，然而，如果为提高信度而牺牲效度，测试就变成了准确测量我们测量目标以外内容的工具（Weir，1990）。

4. 语言测试设计

语言测试设计的过程：先根据教学大纲拟定有关语言能力的理论定义，确定分项指标，再拟定操作定义，具体说明指标的测试方法和步骤，然后编写试卷。

（1）明确考试目的

在评估考试质量的诸多标准中，最重要的一个标准是考试的效度，即考试是否测量了人们所希望测量的知识和技能，是否达到了测试的目的。因此，明确考试的目的是教师设计试卷的依据，又是最终评价考试质量的标准。

要明确考试目的，应该认真研究、领会教学大纲中各阶段的教学目的、目标和教学要求，并思考以下几个方面的问题：所测量的知识和技能对培养学生的语言能力和交际能力起什么作用？通过本阶段的学习，要求学生形成哪些语言行为？最终要达到什么目的？

（2）确定考试内容

考试内容是考试规范中一个重要的组成部分。首先，它是考试内容效度的具体体现；其次，它是考试结构效度的重要保证，没有内容效度就无法确定结构效度。考生对语音、语法、词汇等语言知识的掌握是通过他们的行为表现出来的，因此，在决定考试内容时，除了要考虑语言本身的内容外，更要考虑学生掌握了这些知识后所表现的语言行为，以考查学生运用语言的能力，如考查学生"提出请求""发表意见、评论""询问、给予信息""问路""描述人物、地点、物体""叙述事件"等语言能力。

（3）决定考试题型

考试题型取决于考试的目的和考试的内容，同时，还要考虑各类考题自身的特点，使所选用的题型能最大限度地符合考试目标、考试内容的要求。

在外语测试中，人们经常选用以下题型：多项选择题、正误判断题、匹配题、补全句子题、完形填空题、信息转换题、简答题、论述题等。

多项选择题：是目前考试中用途最广、最常见的题型。多项选择题通常由两部分组成：题干（stem）和备选项（options，responses，alternatives，choices）。题干可以是直接提问或者以不完整的句子形式出现，目的是为了设置问题情境。备选项中包括正确选项（answer，correct option，key）和干扰项（distractors）。备选项数目不等，有三四项或五项，大部分考试以四项为常用形式。

多项选择题具有以下特点：①评分客观且易操作，评卷信度高；②多项选择题是一题一个考点，考试目标明确；③多项选择题既能测试语言知识（如语法、词汇等），又能测试语言技能（如阅读理解、听力理解等）。

不足之处在于：①无法测试语言能力的运用；②普遍存在考生猜测答案的现象；③命题工作耗时费力，对命题人员的业务素质要求高；④多项选择题是一种间接考试的形式，是否具有效度一直是人们关注的问题。

正误判断题：一般由一个句子组成。该句子可以表述一个事实，也可以表明一个观点。正误判断题侧重考查学生的判断能力，在阅读或听力理解中是一种常用题型。

正误判断题具有以下特点：①命题难度不大；②评分客观，信度较高；③题目覆盖面广。

不足之处：①一道题目只能包括一个考点；②由于只有正误

两个答案，因此猜测答案的概率较高，学生有 50% 的机会选择到正确答案。

匹配题：是一种用途较广的考题形式，可以用来考核词汇知识、语法知识、对概念的理解、事实或观点之间的关联等。匹配题一般由两大部分组成：匹配栏与被匹配栏。匹配题不仅可以考查学生识记或理解能力，还可以考查学生的简单语言运用能力。不足之处在于：不适于测量较高层次的教学目标，无法测试学生的综合语言运用能力。

补全句子题：一般由一个或多个句子组成，其中个别词或句子被删去，学生必须按照要求填入恰当的词或句子以补全意义。补全句子题的特点：①编写题目较容易；②考试目的明确；③既能测试语言知识，又能测试语言运用能力。补全句子题评分有一定的难度。

完形填空题：是补全句子题在形式和内容上的一种延伸，分为有提示、无提示、多项选择、混合选择等类型。完形填空的理论依据来自格式塔心理学（The Gestalt Psychology）。该理论认为，人们观察物体形状时，会下意识地将形状中的空缺部分补上去。同样，如果一篇短文中去掉了几个词，就像有空缺的图形一样，人们也会根据前后的线索，将它们填补上去，使之成为完整的文章。完形填空发明之初是用来测试文章的可读性，后来被广泛应用于语言测试之中。完形填空题的特点：①可以同时测试一种以上的语言知识或技能；②题型变化多，因此命题具有灵活性；③不仅能测试语言知识，还能测试语言的简单运用。

完形填空命题注意事项：①明确考试要点，例如，是考查实词还是虚词？或两类词都要考？②不宜删除材料中第一句中的单词或词组，应保留第一句的完整性，有助于学生理解短文的大意；③提供详细答案和评分要求。

信息转换题：是将文字内容转换成图表，或将图表转换成文字，常用于阅读、口语、听力和写作考试中。信息转换题的特点：①强调语言的运用；②要求学生同时运用一种以上的语言技能；③与现实语言运用环境关联度大，具有较高的真实性。不足之处：考生一种技能的水平影响其他技能水平的发挥。

简答题：通过学生的简短回答来测试学生在某一方面的能力或技能，是测试阅读和听力的一种有效形式。简答题的特点：①直接考查学生的能力，不存在猜题的可能性；②强调语言的产出技能；③可以满足不同层次测试的要求，如测试学生对阅读（听力）材料细节的理解、对阅读（听力）材料大意的理解、阅读（听力）材料隐含意义的理解等。

简答题命题注意事项：①提示部分要说明答题要求，如使用完整句还是非完整句、还有字数的限制等；②提供详细的评阅标准，规定具体的评分细则。

论述题：要求学生根据考试要求详细表达自己的观点或见解，答题要求具有逻辑性、合理性、完整性和流畅性。论述题常用于测试写作能力和高层次阅读理解。论述题的特点：①直接测试学生的能力；②具有较高的效度和真实性；③强调学生的思维能力和语言运用能力。

论述题的不足之处：①没有标准答案，评分难度大，因而影响考试的信度；②需要人工阅卷，比较费时耗力。

（4）试卷设计与编写

◎ 考试项目复查

试卷编写之后，应由本人或他人再复审一遍。复审可以从以下几个方面检查试卷的质量：①试卷是否有效测试了学生的某一个学习行为；②测试不同学习行为（能力）是否采用了相应的题型；③考试要求是否陈述清楚；④考试项目难度是否适中。应将题量和难度结合起来考虑，题量太多会增加学生答题的难度；⑤试题覆盖面是否具有内容效度，是否在教学大纲的框架中。

◎ 考试项目排序

考试项目排序一般采用下列原则：①将测量同一类学习行为（或能力）的项目编排在一起。一般来说，将测量同一学习行为的项目集中在一起，并标以适当的标题，这样有助于老师根据考试结果找出学生的学习问题。②将形式相同的项目集中在一起。在可能的情况下，将形式相同的项目集中在一起，如将所有的选择题集中在一起，所有的问答题集中在一起，这样每大类试题只需要一个答题说明就可以了。这样做还可以提高考生的答卷效率，因为学生做同一类题目只要运用一种回答方法即可。在大规模考试中，客观题往往由机器阅卷，主观题由人工阅卷。将试题按主、客观实体编排，也有利于评卷。③根据从易到难的原则编排试题。考卷开始部分的试题应该容易些，然后逐步加大难度，难度大的题项放在最后。这样的编排方式能减少学生的考试焦虑，增强答题信心。④按所测量的不同技能排序。如果一份试卷测试多项技能或能力的话，一般按照听、读、写的顺序来编排题项，即测试听力理解能力的项目放在最前面，测试阅读理解能力的项目放在中间，测试写作能力的项目放在最后。测试语法或词汇的项目，可放在阅读项目之前或之后。

5. 语言技能测试

（1）听力测试

听力理解是由外界语音输入信息与人们内部的认知结构相互作用的结果，是一个十分复杂的心理过程。从心理语言学的视角来看，听力理解分为三个不同的层次：①语音识别：主要通过知觉加工对以听觉形式呈现的语言刺激进行初步的编码加工；②句子理解：句子的理解过程以语音识别为基础，通过对字词的语音进行编码以达到对字义的确切把握。在此基础上，还必须对句子进行句法分析和语义分析。③语段理解：在一般情况下，人们听到的不是单个独立的句子，而是由一系列的句子组成的语段。语段理解的基础是单句理解，但又高于句子理解。

因此，听力测试要充分考虑听力理解的特殊性。听力测试的目的是测试学生理解不同体裁和不同场合的话语能力，从测试学生理解正式课堂内的交际能力，到测试学生理解课堂以外非正式场合的口语能力，逐渐过渡到测试学生理解目的语国家人们在各种场合的话语能力。

听力测试的方法很多，人们普遍使用的有多项选择题、正误判断题、填空题、转换题、简答题、听写题等形式。

多项选择题可用于不同听力层次的测试，可以用来分辨音素、识别单词、理解句法结构、理解文体信息、理解文章大意、理解文章的具体信息等。

正误判断题主要用于测试初级听力技能，如分辨音素、语调或识别单词的能力等。

填空题的一种形式是补全句子，另一种形式是完形填空。完形填空对听力要求较高：它不仅要求学生听懂内容，而且还要根据上下文填上合适的单词或词组。

转换题可用来测试理解大意或主要信息、具体信息的能力。转换题的一种形式是重新排序题，另一种形式是信息转换题。

简答题是一种简易有效的测试题型，为了统一评分标准，命题时可以对简答题回答字数有所限制：可以采用单词回答、非完整句回答或完整句回答等形式，使简答题能更有效地达到测试目的。

听写题作为一种传统但有效的测试形式，在教学与评估中得到了广泛的运用。听写属于综合性考试，与多项选择题一样，可以用来测试不同层次的听力能力。听力测试不仅测试学生的听力理解，还可以反映学生的记忆水平。一般来说，听写可分为单句听写或段落听写。段落听写可分为标准听写（standard dictation）和填空听写（partial/spot dictation）。

（2）口语测试

口语是一个动态的、双向的语言信息传递与交流的过程，它涉及口语信息发出者、口语信息和口语信息接收者三因素之间的互动关系。这种"双向主体"的交流过程对信息发出者和信息接收者提出了很高的要求。首先，口语信息发出者需要尽可能运用标准的语音语调，适当的语速，正确的句法结构，明白无误地表达自己的思想，这样才有利于口语信息接收者对话语和语境的理解。口语的本质特征是"可理解性"（intelligibility），"可理解性"是口语交流的前提，也是进一步交流的基础。由于在正式或非正式场合中，会话者都需在极短的时间内迅速进行口语信息的输入、筛选、分类和总结，再将有关口语信息进行二次归纳和整理后输出，完成意义构思、语言选择、口头表达等一系列活动。口语过程的特点决定了口语表达的难度，因此，口语测试要针对口语过程的特点，有效地测量出考生的口语水平。

◎ 口语测试形式

口语测试大致可以分为以下三大类：直接型口试、间接型口试和半直接型口试。

第一，直接型口试是在一个接近真实语言使用的语境中考查学生的语言使用和表达能力，具有较高的卷面效度。然而，由于直接型口试瞬间性较强，由此增加了评分的难度；第二，直接型口试需要培训大量考官，并且逐个测试考生耗时费力；第三，人工评分结果主观性较强，从而影响测试的信度；第四，考官的语言水平和情绪影响考生口语水平的发挥。直接型口试主要有面试型口试、小组讨论、对话、简短谈话、看图说话、复述、朗读等形式，其中面试是最常用和最真实的口试形式，是一种在自然语境中测试口语整体能力的有效手段。

间接型口试主要是以纸笔方式进行的口语考试。最常见的是使用多项选择题形式测试学生的语音、语调、重音、口语交际等知识，由此间接、片面地推断出学生的口语能力。该类考试的评分稳定性较高，但缺乏效度，不能真实地反映学生的口语能力。

半直接型口试，即录音口试（laboratory oral test），是将统一、真实性的考题是事先录制在磁带上，让考生按照要求，有针对性地对录制的考题进行口头操作（或提问和回答，或个人独白、对话和讨论），考生所有的口语活动均被录在磁带上。测试时不需要考官与考生面对面地交谈，一个考官可以同时测试大批考生，节省人力、物力；考生的口语水平的发挥不受考官的语言水平和情绪的影响；相同的考题使测试的信度得到保证。该类口试可以增强评分的客观性、降低费用，能较好地保证考试的质量，适合于大规模的口语考试。

◎ **评分标准**

口语测试的评分标准可以分为两类：整体评分法（holistic scoring）和分析评分法（analytic scoring）。

分析评分法是将口试表现分解为若干个考查点，如语音语调、词汇、语法、流利程度、准确性、内容的相关性等，不同的考查点有不同的分值，可作不同的加权处理，各考查点的得分总和即为口试的总分。

整体评分法是凭评分员的总体印象打分。整体评分法的优点是能从总体上把握考生口试表现，评分的速度比较快；而分析评分法由于注意口试表现的各组成部分，评分速度稍慢一些，但评分更为准确一些。

（3）阅读测试

阅读是英语学习过程中的一个重要组成部分，是听、说、读、写等技能中一项重要的语言技能。人们通常认为阅读有以下目的（Wallace，1992；引自邹申等，2005）：① 生存需要（reading for survival）：这类阅读一般是为了立即满足某种需求，如阅读路标，确定行走路线等。②学习需要（reading for learning）：通过这类阅读活动达到学习语言、获取知识和信息的目的。③休闲需要（reading for pleasure）：是人们在闲暇之时通过阅读活动获得快乐的一种阅读方式。

人们必须具备一定的阅读能力才能顺利地进行阅读活动。那么，什么是阅读能力呢？Lennon（1970）根据因素分析的方法得出结论，认为阅读能力由以下四个部分组成：①一般言语因素：主要指学生所掌握的词汇量和对词汇掌握的熟悉程度；②对语义明确的文字内容的理解：主要指学生对文章字面意义的理解能力；③对隐含意义的理解能力：指对书面材料的内容进行推理的能力；④鉴赏能力：指学生理解作者的写作意图、情感和思想的能力。

人们的阅读方式主要有泛读和精读：①精读（intensive reading）：也叫分析性阅读，主要用于练习课文中的语言知识项目，巩固和扩展学生的词汇和语法知识，同时，正确理解文章的观点、论证过程和结论，深入领会作品的精髓。②泛读（extensive reading）：也叫综合性阅读。泛读通常速度较快，接触的阅读材料较多。这种阅读方式不追求对阅读材料的透彻理解，只要求浏览全文，掌握大意，讲究阅读的流畅性。通过泛读，学生可以接触大量的语言知识，可以巩固和加强精读效果，从而进一步提高阅读能力。

在选取阅读测试材料时，要控制好阅读材料的长度，保证阅读材料的真实性和多样性，把握阅读材料的难易度，力求阅读材料有充分的信息点。

阅读测试主要有三种形式：多项选择题、正误判断和简短回答。

多项选择题是一种非常普遍的阅读测试题型，在各类考试中都得到了广泛的运用。考生通过在多个选项中选择某一正确答案来表示其对某一阅读部分的正确理解。在考试中采用多项选择题有以下优点：无论是机器阅卷还是人工阅卷，评分既简单、可靠，又客观、公正，信度高；在大型考试中，采用多项选择题，用机器阅卷，可以缩短整个考试、阅卷过程，从而降低考试成本。

但多项选择题也存在着不足，在所有题型中，多项选择题受到的批评最多。如：考生可以猜测答案，因此，仅仅根据得分很难判断考生的真实水平；选项很难编写，尤其是编写干扰项；易于作弊。

正误判断题和多项选择题一样，也是一种常用的题型。在对初学者的阅读测试中，这种题型用得很多。它的优点是易于编写，缺点是学生的猜测率较高。

简短回答题也是一种测试阅读能力的常见题型，答案具有开放性，评分具有主观性。简短回答题的优势在于：简短回答形式多样化，如问答题、信息转换、完形填空、选择形填空等形式；命题方法简单、提问范围广。简短回答题可以激发考生的兴趣，并且考生无从猜测答案，能较真实地反映考生的阅读水平和能力。

简短回答题的不足在于：学生的回答受其表达能力的影响。有的学生能理解文章的内容，但表达能力有限，无法将自己对文章的理解用文字表达出来。

从世界范围来看，英国、美国测试界在题型选择上有着明显的差异。美国的托福、GRE 采用多项选择题型，而英国坚持采用多项选择以外的题型——主要以简短回答的形式——作为主要测试手段，即使是大规模的测试也不例外，如 IELTS 考试。

（4）写作测试

写作是英语学习中的一个重要的技能，主要反映学生的语言产出能力。一篇作文能测量学生对词汇、语法等语言知识的掌握情况，同时，也能反映学生的逻辑思维、思想组织、语言表达等能力。由于写作测试是一种行为测试（performance test），以学生的实际使用语言的表现为评价的依据，因此对教学具有积极的反拨效应（washback effect）。

外语写作通常分为初、中、高三个阶段。在初级阶段，学生的写作主要停留在句子层面上，造句以模仿为主。对该阶段的测试应放在句子结构和词汇的正确性上。在中级阶段，学生写的重点转移到话语层面，写作不仅注意形式的正确，还要考虑内容的贴切，句子之间、段落之间的衔接性和连贯性。在高级阶段，写作已进入了自由发挥的境界，写作以表达内容为主，语言形式的运用服从于内容表达的需要。因此，文章的构思、文体的运用、表达的效果是衡量写作质量的标志。

写作测试作为一种综合性的测试，主要测试学生的语言基本知识，文章的谋篇布局、内容的选择，文体、修辞手段的运用等能力。

◎ 写作测试形式

写作测试一般有主观题和客观题。

主观题主要采用命题作文的形式，通常有提纲式作文、图表作文、主题句作文、书信作文等。命题作文要求学生描述事实、阐述观点、发表评论等，对写作的内容不作限制，评分具有主观性。一般来说，命题作文由三部分组成：提示（prompt）、题目（topic）和要求（requirement）。提示的作用是提供写作情景（context），例如，为什么要写、写给谁等。要求部分包括作文的长度或自述，作文的评分要求等。

客观题有多项选择题、补全句子、完形填空、转换题（如改写句型）等形式。多项选择题主要测试学生词汇、语法知识的掌握和运用情况。补全句子、完形填空、转换题等题型主要测试学生的谋篇、组织能力，对不同文体的把握能力等。

◎ 评分标准

写作测试的评分标准通常可以分为两类：整体评分法和分析

评分法。

整体评分法将作文看做一篇完整的文章，阅卷人员根据阅后的总体印象打分，但这个总体印象是有明确的档次特征的。整体评分法将所阅作文样本分成几个档次，每个档次与一个分数或分数段相对应。每个档次还必须明确该档次作文的特征，如内容、语法、组织、表达等，各档次之间存在明显的区别。阅卷人员注重的是作文的整体质量，而不是局部现象和特征。如 CET 写作和托福写作所采用的就是整体评分法。

分析评分法将作文的特征分解为具体的成分，如语法、内容、组织、表达和连贯性等。评阅人根据要求给每个成分评分，如思想内容占总分 50%，组织结构占总分 10% 等，各个成分的分数总和为总分。雅思写作所采用的就是分析评分法，即考官根据具体的评分细则给考生的作文分项打分。

6. 语言学习评价

Weiss（1972）认为，"评价是指为作出某种决策而收集资料，并对资料进行分析，作出解释的系统过程"。Bachman 等人（1999）指出，决策的正确与否，一方面取决于决策者本身的能力，另一方面取决于收集到的信息质量。在其他条件等同的情况下，如果收集到的信息越可靠，相关性越强，那么，做出正确决策的可能性就越大。学习评价（assessment）主要指教师通过搜集学生在课堂中的信息，对学生的学习状况进行判断和决策，并制定出最适合学生发展的教学计划的过程。教师对学生的学习效果进行测量的各种手段都是学习评价，如测试、作业、论文等。按照评价在教学中产生的时间、作用和功能，可以分为形成性评价和总结性评价。

（1）形成性评价

形成性评价（formative evaluation）是指在教育活动过程中，为不断了解活动进行的状况以便能及时对活动进行调整，用以调节活动过程，保证活动目标的实现而进行的评价。形成性评价是一种具有动态性的评价，伴随活动过程进行，目的是了解学生的学习情况和教学效果，及时发现在教和学过程中存在的问题，从而有助于教师调整教学计划，改进教学方法，弥补教学中的不足，同时，也向学生经常性地、快速地提供反馈信息，使学生了解自己完成某一学习任务的情况，及时调整学习策略，调控学习过程，提高学习质量。

形成性评价关注的是形成、服务功能。形成性评价强调：①测量教学单元所要达到的学习结果，不能把形成性评价的结果等同于学习成绩。②使用测量的结果来诊断和改进教学，测验、考查的分数通常不计入成绩册，也不评定学生的等级或名次。③测量必须根据教学目的来编制，凡是课程中的重点部分均需要测量。④只关注学生是否达到学习目标，并不比较学生之间的成绩。

在外语教学中，形成性评价重视语言学习过程，认为语言学习和测试是一个不可分割的整体，测试是促使教师改进教学、学生改进学习的有效手段。因此，形成性评价鼓励教师摆脱应试的束缚，开发有意义的课程，鼓励学生开展合作式学习，摒弃不必要、不友好的竞争。外语学习是一个复杂的认知过程，是学习者的认知因素、情感因素、社会文化因素相互作用的结果。在教学过程中，教师开展形成性评价，适时、客观地评价学习者的学习风格、学习策略、学习动机等因素，对学习者及时调整学习策略，改进学习方法，激发学习动机，发挥学习潜能，增强学习效果至关重要。

在形成性评价中，外语教师要遵循以下原则：①紧扣教学目标：教师要明确教学大纲对学生掌握语言知识、获得语言能力的要求，保证所有的评价活动均应该围绕教学目标展开，做到有的放矢、客观实际地评价学生的学习。②为学生提供高质量的信息反馈：教师的反馈信息不能仅仅停留在学习结果的对错、好坏之上，要在此基础上，为学生今后的学习提供建设性意见。③评价主体多元化：教师是评价的主体，学生、家长、同伴同样可以是评价的主体，这样才能确保评价的全面性和客观性，使评价具有更高的信度。④评价方式多样化：形成性评价可以通过课堂活动记录、学习档案记录、周记、问卷调查、访谈和座谈、学生讨论、日志等方式全面地评价学生的学习过程和结果，使评价更全面、更有效度。

（2）总结性评价

总结性评价（summative evaluation）是指在某项教育活动结束时，对活动结果进行的评价。通常情况下，总结性评价在一门课程或教学活动结束后，如单元、章节、科目、学期结束时进行，目的是判断是否达到教学目标，检查教学的有效性和教材教法的适当性，考核学生的学习效果，确定学生的最终学习成绩。总结性评价与后续的教学准备密切相关，如教学目标的制定，教学内容的讲解，教学资源的配备，编班分组等，同时，对学生以后的学习情况有预测作用。总结性评价的结果要将学生的成绩计入成绩报告单，作为某种资格的认定或升、留级的根据。

总结性评价的评价对象是综合性的，它既可以包括对学生综合素质和学习能力的评价，又可以包括对其学习成绩的评定。总结性评价关注的是鉴定、甄别功能。学校举行的期中测验、期末考试、年终考核均属于总结性评价。总结性评价的优点在于简便易行，也较为可观，结果容易被人们理解和接受。但是由于它是一种后测评价，具有事后检验的性质，因此，不利于评价对象自身的改进。

在外语教学中，如果教师只对学生的学习结果作出总结性评价，只看学习结果，不问学习过程，那么，就无法对教师教学和学生学习进行改进和完善，不利于外语教学的改革和进步。

7. 形成性评价与总结性评价的区别

对学生的评价不仅包括以标准化考试为代表的总结性评价，也包括以学习为目的、注重学习过程的形成性评价。总结性评价一般在学期末或某学习阶段结束后进行，以学生的学习成绩作为评价对象，为学生此阶段的学习提供鉴定性评价，它是检验教学成果的一个重要手段，但无法评价教学过程这一重要环节，而形成性评价则弥补了这一不足：通过形成性评价的各种手段和方法，师生均可不断获取反馈信息，及时调整教学手段和学习方法，提高学习的效果。表 3.1 总结了形成性评价与总结性评价的区别：

表 3.1　　　　　　　形成性评价与总结性评价的区别

	形成性评价	总结性评价
评价的目的	调整教学各个环节和学生的学习行为，认清学生现有水平和学习目标之间的差距，帮助指导学生学习，了解教学效果，探索教学中存在的问题	评判学习效果，确定学生的最终成绩，判断是否达到教学目标，检查教学的有效性和教材教法的适当性
评价的时间	教学/学习过程中	一门课程或教学活动结束后，如单元、章节、科目、学期结束时
评价者	教师、辅导员、家长、学生及同伴等	学校和教师
评价的方法	观察、日记、问卷、访谈、文献和资料分析、自我评估等	测验、考试
评价结果的处理	测验分数不计入成绩册，不评定学生的等级或名次	对学生的成绩进行分组，即如成绩报告单，作为某种资格认定或升、留级的根据
评价的影响	诊断性的，基本上起积极的作用	判断性的，有时有负面作用

　　在外语教学中，要做到形成性评价和总结性评价并重，二者不可偏废。

第四章　外语教师认知因素

在 20 世纪 70 年代之前有关于教学研究的范式中，行为主义取向的"过程—结果"范式长期占据着主宰的地位。该种研究范式认为在教学过程中，教师的教学行为与学生学习成绩具有某种密切的相关，通过观察教师在课堂教学中的外在行为表现来研究教学并归纳有效教学的特征。但随着研究的深入，人们发现对教师外在行为研究的量化评估和描述不足以揭示教师教学行为背后深层次的、复杂的原因，而教师内心潜在的、隐形的认识、思维和观念往往更为重要。直至 20 世纪 70 年代认知心理学的兴起，人们转而关注教师的可观察行为背后的意义，研究者们尝试从教师的认知过程入手，探讨教师的认知和思维与教学行为、教学效果之间的关系，试图弥补"过程—结果"研究范式的不足，实现了教学研究重心的转移，即从关注课堂观察和教师标准化评价等外显过程的研究到教师内隐研究的跨越。

随着认知心理学理论和研究方法在教师研究中的应用，教学被认为是一种复杂的认知活动，教师认知研究成为一种新的教师心理研究范式。在认知理论框架内，教学被看做是一种复杂的认知技能，教师是课堂中的信息加工者。人们关注的重点已从单纯描述教师的课堂行为转向了揭示教师行为与其认知的关系，探究导致教师行为的知识基础及其形成机制（Freeman & Richards，1996）。这类研究被称为"教师思维"或"认知研究"，它们为教师教育提供了越来越多的信息。教师认知指教师如何对自己的教学行为作出理论解释，在教学过程中是如何思维和做出决策的。教师认知影响和规约课堂教学流程。教师认知主要包括三个方面的内容：教师信念、教师计划、教师课堂决策。对教师认知的研究大多通过问卷调查、访谈、教学日记、课堂观察等研究方法对教师的外在行为表现收集相关数据，以间接分析的方式解释、推断教师在教学中内在的思维活动。

第一节　教师信念

一、教师信念概述

教师信念研究的兴起与认知理论教学观的诞生紧密相关。与传统的行为主义教学观不同，认知理论的教学观主张，教学是复杂的认知活动，它虽然表现为话语和活动等行为过程，但教学的行为是计划和决策的体现，支配教师计划和决策的是教师的思维过程，认识教学首先要认识教师的认知。

教师信念（包括理性的和非理性的）指教师在长期的教学实践中积累起来的教学态度、价值观、期望、设想等。教师信念体系主要包括教师关于教师自身、教师职业、语言、教学、课堂、学习、学习者等方面的内容。教师信念在教师的教学活动乃至整个职业生涯中，扮演着重要的、具有渗透性的角色（Richards，1998）。Woods（1996）指出由外语教师的信念、假想和知识组成的认知参照系相互联系、相互作用，共同影响着教师对外语教学活动的理解及教学策略的采用。越来越多的研究者认为，教师信念直接影响教师的教学方法和教学效果。

教师信念受文化、社会和所在地的教育体制的制约；教师信念较难测量，人们通常通过他们的行为方式推断其信念，而不完全以他们自己所表述的信念为准，因为在行动和表述的信念有时差距很大；教师信念在一个人早年的学习生涯中就基本形成，这种经历被称作"学徒式观察"（apprenticeship of observation），不易改变（Lortie，1975），只有通过不断的继续培训、终身学习和反思，教师信念才能逐步改进和完善。

英语教师信念有以下几个特征：

（1）多数英语教师对教与学的信念是相对一致或相似的。英语教师普遍认同教师信念的核心因素，例如，Richards（1998）等人发现英语教师信念如对英语课程的性质、英语的社会作用、英汉对比理论和实践的相关性、教材的作用、教师角色等方面的看法比较一致。教师信念的中心问题是教与学、教师与学生以及教与学的观念、内容与方法。Burns（1992）总结出教师信念影响英语教学的五个核心因素：语言本质；口语和书面语的关系；语言学习的本质和语言学习策略；学习者的学习能力和英语学习能力；语言课堂的本质和教师的角色。

（2）英语教师对成功课堂的理解及其教学观各有不同。以教师为中心的教学观认为教师因素如课堂管理、讲授、提问技巧、声音质量和行为等是课堂教学的关键。而以课程为中心的教学观注重一堂课的教学环节如课堂目的、规划、过渡、教材、任务种类和教学内容的流程。以学生为中心的教学观注重课堂教学对学习者产生的效果，充分考虑学生的需要、参与、兴趣和学习互动。

（3）具有不同教学信念和教学经验的教师对同一教学模式的理解和接受程度不同。当某一教学模式与教师已有的经验和理论相抵触时，该教师往往难以接受新的教学模式和教学方法。

二、建立教师信念体系

合理的教师信念体系是有效进行外语教学实践的保证。合理的教师信念体系是指教师对教师专业化、教师本身、教学、课堂、学习和学习者的认识既有科学的依据又符合学生的需要。教师信念体系是一个动态系统，随文化、社会和时代改变而发生变化，因此，教师要在实践中对自己的信念体系不断地进行检验和调整，并加以完善，从而逐步建立合理的、符合教育规律和受教育者需求的教师信念体系，以指导教师的教学行为。外语教师要从以下几个方面着手建立教师信念：

1. 教师专业化信念

英语教师专业化信念包括教师对职业英语教师、英语教学改革、英语教师培训、发展和考核等方面的认识。教师专业化要求教师不仅具有专业能力，如理解本学科的知识和结构，掌握必要的教学技能，还必须具有扩展专业的能力，即通过较系统的自我研究，实现专业上的自我提升。教师专业化标准通常由六个部分组成：专业知能、专业道德、专业训练、专业发展、专业自主和专业组织。（1）专业知能包括普通文化知识、学科专业知识和教育专业知识和技能。（2）专业道德强调献身教育和教书育人的理念。（3）专业训练要求教师经过专门培养和职业训练，取得专业认可的职业资格。（4）专业发展要求教师在职业生涯中不断参加各种继续培训使专业社会化。（5）专业自主要求教师不仅是学校生活的主要参与者，在课堂教学情境中还要具有课程与教学的相对自主权，在课程设计、教学过程、学生动机、学生管理、学生评价等方面具有一定的权威性，他人不得妨碍或干涉。（6）专业组织要求教师职业有坚强的专业组织以保证其专业地位的确立，负责培训和监督成员的职业行为。

2. 教师信念（角色）

教师信念包括教师角色或优秀教师的标准。教师信念最根本地体现在教师的作用和角色信念上，即对教师职业的角色定位。教师作为教育从业者的信念是指教师对教学、课程和课堂的认识。从教学角度来看，教师应具备相当水平的专业知能并具有终身学习的能力，教师运用教学理论指导教学实践，做出教学决策。从课程角度来看，教师参与设计和实施教学计划。从课堂角度来看，教师有效组织、管理课堂并对课堂进行行动研究。教师在学习知识上指导学生、学习方法上训练学生、学习情感上激励学生。

教师角色是教师与其社会地位、身份相联系的被期望的行为。它包括两个方面的内容：一是教师的实际身份；二是教师的期望角色，分为他人对自己的期望、自己对自己的期望及自己对他人的期望等方面。教师角色是社会系统水平上的"特殊行为模式"，它是与学校教育结构相适应的具有教育职能的职业角色。

随着教师教学观念和教学方式的改变，人们越来越强调学习主体的主观能动性，强调培养学生主动建构知识的能力，以教师为中心的课堂教学模式逐渐转变为以学生为中心的课堂教学模式。外语课堂教学越来越突出语言的交际性，课堂教学逐渐走向以学生为中心的语言交际活动。外语教师角色的内涵也发生了变化，实现了从传统教学模式的教师角色到现代教学模式中教师角色的转换。

（1）传统教学模式下的教师角色

传统教学模式中的教师角色可以用六个字概括："传道、授业、解惑。"传统的英语课堂中教师在教学过程中扮演的是权威者的角色，是知识的传授者、考核者、评价者、学习过程的管理者和课堂活动的主宰者。

传统教学模式的课堂教学主要以教师为中心（teacher-centered）。在以教师为中心的教学中，教师是课堂的焦点，在整个教学过程中起主导作用。教师通常采用强制性的教导方法，伴以奖励和惩罚，协调与学生的互动关系，最终达到将知识与技能传授给学生的目的。而学生的地位则比较被动，仅仅作为教师备课的假想对象以及上课时的教授对象，学生更多地采取顺应和被动的行为。在以教师为中心的教学互动中，教师具有控制权，决定话题内容，评价教学效果。在以教师为中心的教学中，教师主要采取的教学方法是直接教学和讲授法。

传统的英语课堂强调学生对知识的接受和掌握，轻视培养学生主动发现知识和探究知识的能力，从而在实践中导致对学生认知过程的极端处理，使学生学习书本知识的过程变成单纯被动记忆和接受的过程；在教学活动中，教师首先传授知识，等待学生做出反馈后，再对学生进行评价和考核，因此在整个教学活动中，教师都是以管理者的身份主宰整个课堂，形成了"老师教—学生学"的被动局面。同时，教师习惯于把知识的结论直接传授给学生，忽视了学生自主获取结论的过程，因此在传统教学环境下的英语学习，学生的个性和潜能受到了压抑，不能获得有效地开发。

（2）现代教学模式下的教师角色

现代教学模式的课堂教学主要以学生为中心（student-centered）。在以学生为中心的教学中，学生处于教学活动的中心，以平等的身份与教师对话、互动。教学过程主要依据学生的身心发展进行，强调学生主动学习。教师不仅要呈现与解释知识，更主要的是引导学生自我建构知识，教师在教学过程中扮演咨询者、辅导者和学习动机激发者的角色，在教学活动中采取民主参与的方式，在教学目标设计、教学组织、教学方法选择等环节上寻求学生的反馈信息，并依此做出相应的调整。在以学生为中心的课堂中，主要采取的教学方法是发现法、讨论法和个别化教学法。

在现代教学模式下，外语教师应由传统的知识传授者与灌输者角色转变为学习的指导者和促进者、教学的研究者、教学的设计者和实施者、课堂教学的组织者、终身学习者。

◎ 学习的指导者和促进者

现代教学模式要求教学过程的重点应该放在学生的"学"上，教师要做学生的引领者，起到督促和引导的作用。同时，教师要促进以学习能力为中心的学生整体个性的和谐、健康发展。

教师作为学习的指导者和促进者具体表现：教师要激发学生主动学习的兴趣，引导、帮助学生确定适当的学习目标，选择达到目标的最佳途径；给予学生学习方法上的指导，指导学生高效率地学习，掌握学习策略；培养学生自我调节、自我监控等认知能力，引导和教会学生不断对自我认知过程进行反思，通过调整学习目标、调节学习方法以获得更好的学习效果；帮助学生将当前所学内容与已知事物联系起来，建构当前所学知识的体系；引导学生积极进行研究式学习，培养他们发现问题、解决问题的能力，从而促进学生知识与技能、情感、态度和价值观的全面发展。

◎ 教学的研究者

教师要超越教书匠的角色，做研究型教师，成为教学的研究者。做研究者是教师专业化发展的需要，也是教师实现自我价值的必然途径。教师要深入研究现代外语的教学规律，根据课程大纲的要求和学生的知识结构、认知水平来设计课堂教学。同时，教师要进行教学反思，教学反思是教师专业发展和自我成长的核心因素，是教师教学能力提高的一条重要途径。教师要不断对自己的教学进行反思和评价，提高对教学活动的自我觉察，发现和分析其中存在的问题，提出改进方案，如对教学计划进行必要的调整，对教学活动的各个环节进行分析、评估等。另外，教师彼此之间要进行听课、进行课堂观察，互相取长补短，以提高教学水平。此外，教师还可以寻求专家的帮助和支持，通过专家的专业引导提高专业素质。

◎ 教学的设计者和实施者

在教学过程中，教师要根据教学大纲和教学计划，首先确定教学目标，进行教学分析，了解学生的交际需求和学习者因素，选定教学内容，提出教学策略，制定具体的教学任务，并在实际的教学过程中有效地实施这些任务。在教学过程中，教师对学生完成任务的情况进行形成性评价和总结性评价，然后，教师通过评价的反馈情况来及时地调整教学计划，重新制定教学计划和教学任务。

◎ **课堂教学的组织者**

在外语课堂上，教师既是语言知识的传播者，又是学生学习知识、开展练习活动的组织者。学生参与学习活动的积极性和学习效果，在很大程度上取决于课堂上教师的组织行为。作为组织者，教师必须要明确教学活动的内容，根据学生的现有语言水平、学习特点和学习动机，将教学内容、教学方法等适当变通，在新知识的导入、问题的提出与解决、讨论话题、课堂练习等方面，争取让尽可能多的学生参与到语言学习活动中来，让每个学生都有机会运用语言表达自己的思想。教师在引导和组织学生进行讨论与合作活动时，应注意观察学生的活动过程，并适时给予帮助，使得学习得以深入。通过小组活动，努力使学生在认知上集思广益，在情感上彼此支持，从而更有效地完成规定的学习任务，通过组织好的群体互动来促进个体的发展。

◎ **终身学习者**

在科学技术飞速发展的社会，人们必须不断学习、终身学习才能适应社会的变革。终身学习是教师职业道德的基本要求，也是教师专业化发展的必然要求。"严谨治学"的师德规范要求每个教师努力钻研业务，不断学习新知识，创造性地探索教育教学规律，改进教育教学方法，提高教育科研水平。要达到严谨治学的目标，必须不断学习，终身学习。同时，语言教学的内容和形式并不是永恒不变的，教师要不断地接受新知识和新技能，更新教育观念，做一个终身的学习者，实现自我价值。

3. 教学观

教学观（也称教学理念）是教师对教学活动的本质与过程的认识、理解以及所持的相应观点与态度，是教学活动的基本指导思想。教学信念包括教师对课堂的作用、教学和管理方法及风格、教学资源和有效教学的标准。Richards 和 Lockhart（2000）认为教学是个人的活动，不同的教师对有效教学的信念和假想截然不同。教师信念反映课堂教学实践，课堂教学实践也直接受到教师信念的影响。英语教师通常采用的教学方法有传统教学中普遍使用的技能型（注重听、说、读、写各项技能的操练）、规则型（注重语法结构和语言系统的理解）、借鉴西方语言教学模式的功能型（注重互动交际和合作学习）和综合、折中型（语言技能、语法规则教学和语言交际相结合）。Richards 等人认为英语教师在课堂上的主要作用：提供有用的学习经验、提供正确的语言范例、回答学习者的问题、改正学习者的错误。另外教学方法和教学风格也受教师信念影响，不同的教师信念形成不同的教学方法和教学风格。

语言观是语言教学观形成的基础，语言教学观决定着外语教学的过程和结果。从教学理论与教学技能的关系来看，教学观可分为三种（Zahorik，1986），即科学—研究观（science-research conceptions），理论—哲学观（theory-philosophy conceptions），艺术—工艺观（art-craft conceptions）。

科学—研究观认为教学是以实验和经验性调查为基础的科学研究活动。它包括三种形式：（1）利用学习理论。教学原则是根据对记忆、迁移、动机等在学习过程中起重要作用的心理因素进行研究的基础上确立的。例如，外语教学法中的听说法就是基于行为主义的学习理论，认为语言学习是刺激—反应的联结，是通过大量操练、模仿的结果。（2）遵循实验模式，即通过实证研究得出有效的课堂教学模式，并将它用于教学实践中。（3）效仿教学效果好的教师，并通过访谈和课堂观察等形式来学习和模仿他们的课堂行为。

理论—哲学观与基于实证研究的科学—研究教学观截然相反，它主张通过推理、理性思辨和逻辑论证对课堂行为进行解释和证实。同时，它重视以人们对教师、学生、课堂以及教育的作用所持的价值判断作为教学的思路。因此，理论—哲学观的教学目的就是为了提升某种价值，如道德的、伦理的或政治性的。

艺术—工艺观强调教师个体的技能和个性。艺术—工艺教学观认为良好的教学本质就是创造和个性化的体现。优秀的教师能根据某一情境的需要，创造和采用与此情境相应的教学实践活动。

在此基础上，Freeman 和 Richards（1993）提出了一个语言教学三分法模式：以科学为基础的教学观，主要来自于试验和实证调查；以一定的理论和价值为基础的教学观，即人们对教师、学习者、教学环境以及教育在社会中的作用的看法；第三类是注重教师自我评估、反思和分析能力为中心的艺术观，强调创造性和个性化，认为外语教学是艺术和技巧的融合与实施。技巧是指教师对某一领域知识、对某一领域知识的教学以及对一般意义上的教学知识的理解和掌握。艺术是指在教师与学习者的交流过程中，教师做出决策时知识与经验的结合。具体内容见表4.1：

继而，Freeman 和 Richards（1996）从心理学和哲学的视角总结了三种被人们普遍接受的外语教学观：（1）行为主义教学观——教学作为行为（teaching as doing），教学是那些可以观察到的课堂行为，是可操作的技艺，可以直接演练、传授和模仿；（2）认知理论教学观——教学作为思维（teaching as thinking），认为虽然教学表现为话语和活动等行为过程，但教学行为是计划和决策的体现，支配教师计划和决策的是教师的思维过程，认识"教学"首先要认识教师的认知；（3）建构主义和解释主义的教学观——教学作为解释（teaching as interpreting），强调教学是教师的一种生存状态，进一步认为教师的计划与决策，基于他们对特定教学环境和个人经验的理解与解释，这种理解和解释受教师个人长期积累的知识和信念支配，并非可以套用的统一原则。

表 4.1　　　　三种教学观指导下的外语教师行为

科学—研究教学观要求教师应该

- 理解通过研究得出学习原理
- 根据这些原理制定出教学任务和教学活动的标准
- 根据该标准，对任务活动中的学生表现进行监控，确保取得理想的效果

理论—哲学教学观要求教师应该

- 理解某系列教学行为所依据的理论和原理
- 根据该理论/原理选择教学大纲、教材和教学任务
- 监控教学以确保教学与理论/原理保持一致

或者

- 理解对某系列教学行为起支撑作用的价值和信念
- 选择与该价值/信念一致的教学手段（技巧、程序）
- 监控教育手段的实施过程以确保教师始终奉行该价值/信念

艺术—工艺教学观要求教师应该

- 将每一个教学情境都看做是独一无二的
- 找出该情境的特征
- 根据这些特征，尝试各种教学策略、教学程序和教学技巧
- 对该情境中的教学策略进行评估和反思
- 如此循环反复，形成一个有内在一致性、个性化的课堂教学实践的回路，以满足各种情境的特殊性

　　外语教学观的演变，即从教学行为到教学作为决策，再到教学作为个人理解，反映研究者对教学本质认识的逐步深化。随着这种认识的不断深化，外语教师教育实践实现了从强调教学技术的“教师培训”模式到强调自我决策、自我反思的“教师发展”模式的转变。

　　4. 课堂观

　　课堂信念包括教师对课堂结构、作用和课堂教学与管理等方面的认识，取决于教师信念体系中的一切其他信念。课堂是教师

信念体系体现的主要场所，课堂信念直接受教学信念的影响，主要有三种类型：注重语言知识的讲授型课堂，注重语言交际和功能的互动型课堂，二者兼而有之的综合型课堂。课堂信念不同的教师往往会决定英语课堂的文化性、活动性、交际性、兴趣性以及知识性之间的投入比例和教师与学生的角色关系。

5. 语言观

语言观是人们对整个语言体系的基本看法。语言观包括对语言的起源、语言的性质、语言的特征、语言的结构、语言的功能、语言的发展以及语言的运用等问题的认识。语言观往往会直接影响外语教师的语言教学理念，教学方法的选择，最终影响外语教学的效果。作为一名外语教师，会经常思考一个最基本的问题，即"语言是什么？"随着语言学的发展，语言观也经历了发展和演变，主要有传统语言学的语言观，结构主义语言学的语言观，转换生成语法的语言观，功能主义的语言观。

（1）传统语言学的语言观

传统语言学的历史久远绵长，可以追溯到古希腊、古罗马时期。当时，人们将语言学作为哲学的一个分支进行研究，试图从语言研究中找寻出有关人与世界的永恒真理，认为语言是工具，因而形成了这个时期的语言工具观。语言主要充当两种工具：一是哲学家进行哲学思辨、哲学探讨的工具。二是阅读古代文献，并对其进行校勘和训诂学研究的工具。

（2）行为主义心理学理论下的结构主义语言学的语言观

在行为主义心理学看来，语言是人类行为的一个重要组成部分。行为主义心理学代表人物 Skinner 提出了著名的言语行为理论。在《言语行为》（1957）一书中，Skinner 指出有效的语言行为是对刺激物作出的正确反应。当某一个反应被强化时，它便保持下来，成为一种习惯。同样的，语言学习也是一种习惯，是经过模仿、积极强化和不断重复而形成的。在语言学习过程中，外部影响是内因发生变化的主要因素，语言行为和语言习惯是受外部语言刺激的影响而发生变化的。

Ferdinard de Saussure（1857—1913）是现代语言学的重要奠基者，也是结构主义语言学的开创者之一。结构主义语言学认为语言是一个十分复杂的结构体系，在这个体系中，语言的各种成分按一定的规则形成一个系统。结构主义语言学认为结构主义语言学以语言共时系统内部各要素的结构及其相互关系为研究对象，用抽象、概括的方法对语言的各种系统的结构进行客观、精确地描写。

Saussure 对语言整体的性质加以探讨，区分了语言（系统的符号体系）和言语（实际使用的语言），指出语言是符号系统，语言才是语言学的研究对象。继而，Saussure 又区分了共时语言学和历时语言学，指出对说话者来说，唯一存在的现实是语言共时的一面，从而确定了语言共时系统的符号性质。同时，Saussure 还认为，语言是社会事实，是一种社会现象，使用语言是说话人与听话人交流思想和情感的过程。在语言发展史上首次指出了语言的社会属性。

20 世纪四五十年代，美国结构主义语言学家 Leonard Bloomfield（1887—1949），在行为主义心理学的影响下，进一步发展了结构主义语言观，将语言看成是一种行为，是刺激——反应——强化的结果。Bloomfield 主张语言学家的任务就是客观地、系统地描写语言素材。在描写过程中，注重对语言形式的分析，而忽视对意义的研究。

（3）认知心理学理论下的转换生成语法的语言观

认知心理学认为，语言学习不仅仅是刺激——反应——强化的过程，也是大脑积极思维的结果。Piaget 认为认知发展是语言发展的基础，儿童的语言发展是认知发展的一个有机组成部分，语言能力是儿童认知能力的一个方面，也是主体与客体相互作用的产物。语言是伴随着认知发展而发展的，认知结构发展到一定阶段，才出现语言。Vygotsky 则认为儿童的语言发展在认知发展中起着重要作用，语言的发展带动认知的发展。语言作为儿童与他人进行社会交往的工具，具有交际功能，在形成儿童智力行为中起着指导和调节的作用，语言的发展是在社会文化历史环境中实现的。认知心理学强调认知规则，指出观察、分析、综合、思维、想象、记忆等因素在语言学习中扮演着重要角色。

认知语言学的兴起与认知心理学的发展密切相关，尤其受到前苏联心理学家 Vygotsky 和瑞士心理学家 Piaget 对语言与认知研究的影响。认知语言学是从认知的角度研究语言，研究人对世界的感知、经验、观察事物方式如何影响人们对语言的使用。认知语言学认为语言是认知对世界经验进行组织、形成有意义的概念和概念结构的结果。语言不是直接表现或对应于现实世界，而是有一个中间的"认知构建"层次将语言表达和现实世界联系起来。在这个认知中介层，人们对现实世界形成各种概念和概念结构，现实世界通过这个认知中介层"折射"到语言表达上。

20 世纪五六十年代，美国语言学家 Chomsky 开始对结构主义语言学产生了质疑，提出了转换生成语言学。乔姆斯基认为语言是受规则支配的体系，人类大脑中的语言习得机制是预先设定的，语言是先天的、具有生物学基础的、相对独立的一种能力。学习语言不是对环境的刺激所做出的反应，而是人脑根据有限的规则创造出无数句子的过程，生成能力是语言习得的一个重要特点。

Chomsky 认为尽管各种语言在表层结构上不同，但他们的深层结构非常相似，人类习得语言的过程也基本相同。Chomsky 认为语法不是说话过程的模式，而是语言能力的模式，是对语言能力做出的形式化的描写，用一套公式将其内容表达出来。基于语言先天论，Chomsky 提出了语言能力和语言表现这两个概念。语言能力指理想的母语使用者所具有的关于语法规则的知识，语言表现指实际使用语言时，由于受心理、生理和社会因素等影响而发生偏离语法规则的表现。

（4）社会学理论下的功能主义语言观

20 世纪 70 年代以后，语言学家们开始注意到了语言的社会功能，将语言看成是一个社会文化系统，在这个系统中，人们根据社会生活的目的来使用语言。语言学家们认为，人类语言有表达思想情感、维护人际关系和维持语言上下连贯的三大功能。语言功能与语言形式一般不存在一一对应关系，一种语言功能可以由多种语言形式表达。

社会语言学的代表人物 Hymes（1972）提出了交际能力（communicative competence）的概念。交际能力是说话者根据交际的目的、语境、身份、听话者、谈话内容等说出恰当得体的话语的能力。Hymes 认为，成功的交际，不仅需要一套内化的语言规则体系，而且还必须受到其他交际规则的制约。本族语者必须同时掌握了这些交际规则，才能正确地运用语言进行交际。一个人的语言能力不仅指他能生成合乎语法句子的能力，而且还包括他能否恰当、得体地使用语言的能力。在 Hymes 看来，交际能力应包括语用知识和能力，即在语言运用过程中，交际双方不仅需要知道交际话语的结构正确与否，还需要知道交际话语在特定语境中的可行性、得体性和目的性。也就是说，交际能力使得本族语者能够在适当的场合、适当的时间，用适当的方式进行交际。交际能力包括：（1）形式上的可能性（possibility），指某种说法是否（以及在多大程度上）在形式上可能；（2）实施手段上的可行性（feasibility），指某种说法是否（以及在多大程度上）在实施手段上可行；（3）语境中的得体性（appropriateness），指某种说法是否（以及在多大程度上）在语境上得体；（4）现实中的实施状况（the performance is done），某种说法是否（以及在多大程度上）实际出现了。

Canale（1983）将交际能力分为四种能力：语法能力、语篇能力、社会语言能力和策略能力。（1）语法能力，即掌握语音、词汇知识、词法规则、句法、和语义的能力；（2）社会语言能力，即在具体语境中得体地使用语言的能力；（3）语篇能力，即能够在交际中构建和保持连贯的话语和篇章的能力；（4）策略能力，即在交际受阻时采取补救措施以提高信息的传递率的能力。其中社会语言能力、话语能力和策略能力相当于语用能力

（pragmatic competence）。语用能力指的是听话人对语境的认识能力和在对语境认识的基础上理解别人的意思和意图，能够准确表达自己的意思和意图的能力。

Leech（1983）将语用能力分为语用语言能力（pragmalinguistic competence）和社交语用能力（sociopragmatic competence）。语用语言能力指的是按本民族语者的语言习惯正确地理解和恰当地使用不同的语言形式和语用功能，准确地表达交际意图的能力。社交语用能力指的是根据不同文化背景的语言交际者习惯得体地、合适地使用语言的能力。学生在语用层面发生的错误称为语用失误。

与 Leech 提出的语用能力的两个方面相对应，Thomas（1983）将语用失误分为语用语言失误（pragmalinguistic failure）和社交语用失误（sociopragmatic failure）。语用语言失误是语言本身引起的语用失误，包括两个方面，一是表达不符合英语本族语者的语言习惯，误用英语的表达方式；二是不懂英语的正确表达方式，受语言负迁移的影响，按母语的语意和结构套用英语。社交语用失误是在跨文化交际中，由于不了解谈话双方文化背景差异而影响语言形式选择的失误，该类失误与谈话双方的身份、熟悉程度、语域等有关。

进入 20 世纪 90 年代，Bachman 提出了交际语言能力学说，该学说更加全面和系统。Bachman（1990）认为交际语言能力包括三个方面的内容：语言能力（language competence），策略能力（strategic competence）和心理生理机制（psychophysiological mechanisms）。（1）语言能力。语言能力由四种能力构成：语法能力（grammatical competence），即语言结构知识，包括词汇、词法、句法和语音/拼写；语篇能力（textual competence），即语言运用中组句成章的能力；功能能力（illocutionary competence），即语言运用的概念功能、操纵功能、启发功能和想象功能；社会语言能力（sociolinguistic competence），即根据社会文化特征和语篇特征，如方言、语域、语言的自然性、文化所指和修辞，在不同的语言使用环境中恰当得体地使用语言的能力。（2）策略能力。策略能力分为评估、确定目标、制定计划和实施四个部分。策略能力是人们使用语言进行交际时的心理认知过程。（3）心理生理机制。心理生理机制指语言使用所涉及的神经和生理过程。

6. 教学计划和课程信念

教学计划和课程信念包括对教学目标、教学内容、教材和其他教学资源、教学计划和课程的评估等方面的认识。任何一个语言教学计划都反映出学校文化以及教师集体和个体的决策和信念。教学计划和课程信念主要表现在分散/集中的管理课程计划、以需求/内容为本的课程、以讲授/互动活动为本的教学法、以学生/教材或教师为本的课堂等方面。

7. 学习者信念

学习者信念包括教师对学习者的角色、成功学习者的认识。学习者角色是以教师角色为前提的。一般说来，传统的学习者是被动的知识接受者的角色，学习是复制的、接受的、复述的、竞争的和指令性的。而建构主义、人本主义等现代学习理论倡导有意义的学习，有意义学习具有建构的、交流的、阐释的、协作的和反思的特点。那么，学生应由以往的被动知识接受者转变为主动学习者，主动建构知识，与同伴进行有效的交流，并对学习过程进行积极反思。对学习者角色的认识决定了课堂教学过程中师生关系的实质。

Naiman 等人（1978）提出成功外语学习者至少具备五个特点：积极参与所有语言学习的机会；领悟到语言是一个整体；领悟到语言是交际工具；管理自己情感的需求；监控二语的行为表现。

8. 学习观

学习信念主要是对学习定义、学习策略和学习风格的认识。以下是有效语言学习的特点：（1）学习是复杂的过程；（2）学习引起个人的某种变化；（3）学习增加与个人相关的新的理解；

（4）学习可以有多种的形式；（5）学习总是受学习环境的影响；（6）学习主要是社交互动的结果；（7）学习经常需要调解；（8）每个个体的学习都有所不同；（9）学习既是认知过程又是情感过程，与人们对自己的感觉有密切联系；（10）学习是终身的过程。当教师充分了解了语言学习的特点，才能对语言学习定义、学习策略和学习风格有更深刻的认识。可以对学生进行相关学习策略培训，增强学生的学习效果。与此同时，教师可以针对学生的不同学习风格，做到因材施教，达到更好的教学效果。

9. 语言学习观

行为主义心理学认为语言是人类行为的一个重要组成部分。Skinner（1957）曾指出有效的语言行为是对刺激物作出的正确反应，并经过模仿、积极强化和不断重复而形成习惯。在语言学习过程中，外部影响是内因发生变化的主要因素，语言行为和语言习惯是受外部语言刺激的影响而发生变化。

认知心理学取代了行为主义，对语言学习作出了新的解释。认知心理学认为语言学习是一个认知过程，是掌握规则、构建意义，而不是形成习惯。语言学习要求学习者对所学语言结构提出假设，做出判断，并根据新的语言输入证明假设的正确与否。语言学习是在不断对目的语进行预测、提出假设、验证、纠错过程中进行的。在学习的每一个阶段，学习者所掌握的是既不同于他的母语，又不同于目的语的中介语。在学习者取得进步之后，他的中介语就会距离目的语更进一步。认知心理学强调有意义的学习，强调要在理解语言知识和规则的基础上操练外语，从而获得语言能力。

建构主义是认知学习理论的一个重要分支，该理论认为个体在与周围环境相互作用过程中逐步建构起关于外部世界的认识，从而使自身认知结构得以充实和发展。建构主义提倡的学习方法是教师指导下的、以学生为中心的学习。强调学生对知识的主动探索、主动发现和对所学知识意义的主动建构。建构主义学习理论认为在外语学习过程中，教师是语言学习的设计者、组织者和指导者；学习者是语言知识的建构者和实践者，学习者主动选择、同化、顺应输入的信息，使新输入的语言材料与已有的信息相互作用，重新建构，形成新的语言结构。

以 Rogers 为代表的人本主义心理学认为，在教育过程中，教师要突出情感的地位和作用，解决情感问题，统一学生的认知与情感，形成一种以情感作为教学活动的基本动力的新的教学模式。完整的人的发展主要包括认知、情感、态度和技能的和谐发展。认知与情感是人的全面发展中不可或缺的两个方面，在语言学习过程中二者也是相辅相成的。语言学习主要通过认知过程来实现，但解决情感问题有助于提高语言学习效果。消极情感如焦虑、害怕、羞涩等影响学习潜力的正常发挥；积极情感如自尊、自信、动机等能创造有利于学习的心理状态。

第二节　教师计划

教师计划是教师课堂决策的一部分，指教师在课堂行动之前的思维活动。教师在制定计划时，要考虑学科内容、学生、课堂和课程等多种因素，需要对课程的各个方面进行构思、加工和转换以便适合具体情境下学生的要求。对教师计划的研究一般以有经验的教师为对象，使用有声思维、文本（教案）分析和访谈等手段收集数据。教师计划的具体内容：教学目标、课程教学大纲、教学计划、学习年限、教学环节、每门课的学时分配等。

一、教学目标

课程与教学目标的确定是基于课程对学生身心素质的发展可能具有的功能和价值，是由课程自身的性质、研究对象、研究方法形成的知识体系决定的。不同的课程在促进学生身心素质的全面发展中都有自己独特的发展价值和功能。英语课程的总目标：通过英语学习使学生形成初步的综合语言运用能力，促进心智发展，提高综合人文素养。综合语言运用能力的形成建立在语言技能、语言知识、情感态度、学习策略和文化意识等素养整体发展的基础上。语言技能和语言知识是综合语言运用能力的基础；文化意识有利于正确地理解语言和得体地使用语言；有效的学习策略有利于提高学习效率和发展自主学习能力；积极的情感态度有利于促进主动学习和持续发展。语言技能、语言知识、情感态度、学习策略和文化意识五个方面共同构成了英语课程的总目标。以上的英语课程总目标既体现了国家教育宗旨的要求，也反映了英语课程的性质和发展功能。

课程的总体目标具体落实在单元教学中，表现为课时教学目标。课时教学目标要努力落实课时教学内容在促进学生全面发展中具有的功能，要尽可能实现知识与技能、过程与方法、情感态度与价值观的三维目标。三维目标的内容包括两个不同的方面。一是指课程内容所包含的知识与技能、过程与方法、情感态度与价值观。例如，课程知识发现、发展的过程及其所使用的方法、课程知识中体现的情感态度与价值观等。二是指学生在学习这些内容时表现出来的处理学习内容所使用的知识与技能、过程与方法、情感态度与价值观。

在制定课时教学目标时，还要考虑学生现有的发展水平。学生的身心发展是通过学习相应的教学内容，将自身身心素质从低水平（现有水平）向高水平（潜在水平）转化的过程。同一种教学内容对不同的人而言，其发展价值表现的方面是不一样的。因此，课时教学目标的制定要根据学生现有的发展水平及其最近发展区来决定。

二、课程教学大纲

课程教学大纲是教师计划的核心部分，课程教学大纲有以下具体要求：（1）目的性。课程开设要体现制订教学计划的指导思想和培养目标的要求，使学生得到全面发展；（2）客观性。学校教学应顺应社会和经济的发展，课程大纲要符合学生客观实际的需求；（3）系统性。教师计划是实现培养目标的一个完整的体系，要保持课程之间的连接和衔接，注重课程的完整性和系统性。

英语课程教学大纲分为英语专业技能、英语专业知识和相关专业知识等三个类型的课程。Van Ek（1975）认为，一个完整的外语教学大纲，应该包括以下几个方面：（1）使用外语的情景，包括可能遇到的各种话题；（2）学习者将要参加的语言活动；（3）学习者将要运用的语言功能；（4）学习者针对某一话题的应对能力；（5）学习者能够处理一般话题的意念；（6）学习者能够处理特定话题的意念；（7）学习者将要使用的语言形式；（8）学习者运用语言的熟练程度。

根据大纲对教学内容的描述侧重点的不同，英语教学大纲主要包括结构大纲（structural syllabus）情景大纲（situational syllabus）主题大纲（topic-based syllabus）技能大纲（skill-based syllabus）和意念—功能大纲（notional-functional syllabus）。

结构大纲是以语法项目和语言结构句型的分级与选项为基础的教学大纲，这些项目包括时态、语法规则、句型等，并根据一定的教学规律和设计标准进行排列。结构大纲强调语言句型是语言教学的基础，语言教学过程是一种新的语言习惯形成的过程。教学内容一般是按照一系列的语法结构来安排的，如"一般过去式""不规则动词""被动语态""副词的构成""3种条件句""动名词和不定式"等。该大纲的优点是：大纲项目排列由浅入深、由易到难，遵循了循序渐进的教学原则；语法结构分析较为系统，大量的句型操练能使学习者较为熟练地掌握。

情景教学大纲是以情景为基础的教学大纲，一切教学活动、练习、任务都与特定的情景或环境有关，如"在宾馆""在学校""在邮局""在停车场"等。教学的重点放在学习活动的开展和学习任务的完成上，而不是放在语言系统的分析和语言结构的操练上。

主题大纲是以主题为基础的教学大纲。在设计主题教学大纲时，要注意主题的定义问题，既不能太宽泛，又不能过于窄小，如"天气""太空旅行"等。对学习者来说，通过围绕某一主题展开学习，能够激发他们的学习兴趣和学习动机。

技能大纲是建立在培养语言技能基础之上的。这种大纲关注语言技能，如"使用字典""写出考试答案"等。随着应用语言学、心理语言学的发展，人们对技能内涵的理解不断加深，在设计技能大纲时，除了语言技能之外，还将认知技能、学习技能纳入其中。

意念—功能大纲是根据学生运用语言表达意思和发挥功能来安排语言内容的教学大纲。意念—功能大纲包括：学生进行交际所需的意思和概念（如时间、数量、持久度、地点）及表达这些意思或概念所需的语言；表达不同的功能或言语行为所需要的语言（如请求、建议、允诺、描述等）。语言课程的教学单元是按这些意念和功能来编制的。

三、教学计划

教学计划包括学期教学计划、单元教学计划和课时教学计划等类型。

学期教学计划应包括以下主要内容：本学期教学的总目标和总要求，对学生情况的分析，对教材内容、教材重点与难点的分析，安排学期教学进度等。

制定单元计划应以学期教学计划为基础，联系学期安排与要求，明了本单元在整个学科知识体系中的地位以及与前后单元之间的关系。在学生已有知识的基础上，最终明确单元教学目标、教学重点、难点，单元教学的整体构思、单元教学课时安排、单元教学过程。

课时教学计划又称为教案。教案是教师在了解学生、教材、教法的基础上形成的关于一节课讲什么、如何讲的方案。教案是教师实施教学活动的具体方案，也是衡量教师教学效果的标准和依据。首先，教案中的教学目的、教学内容、教学活动、教学过程一定要具体明确。其次，教案要有创造性。教案是对教材进行加工、再创造的过程。再次，教师在教学实施前、中、后，根据教学的实际情况，对教案进行必要的修改，使教案更加完善、更具针对性。

四、学时分配

学时指教学用时。学时的分配包括每门课、每个教学环节的时数，每周课时数，每学期课时数等。安排各门课、各个教学环节时数的多少，关系到整个教学任务的完成和教学质量的保证，必须根据各门课在专业中的地位和任务，课程内容的分量和难度，课程在教学中的具体要求，合理分配。在分配学时的时候，要处理好语言知识和语言实践之间的关系。

五、教学环节

教学环节一般指课堂讲授、课堂讨论、语言实践、课内外作业、考试考察、社会实践等环节。各个教学环节都有其教学目的、要求和实施方法。在外语教学中，要坚持理论联系实际，加强实践性教学环节，兼顾语言学习和语言实践，做到全面、合理安排各个教学环节。

外语教师可以从宏观和微观两个层面来制定教学计划。在制定宏观计划时，教师要明确课程最终要达到的目标，知道传授何种语言知识、培养何种语言技能，使用什么教材，运用什么教学方法。同时，教师要了解学习者，了解学习者的年龄、性别、社会背景、学习动机、学习方式、学习态度、语言水平、学习者需求以及其他因素。

微观计划基于宏观计划，是针对某一节课的内容而设计的，比较具体，通常包括以下要素：该节课的教学目的、课堂活动、课堂活动时间分配、教学策略、教学手段等。

第三节 教师课堂决策

一、教师课堂决策概述

决策作为一种人类的思维活动，是建立在人的感情和经验的基础上的。教师课堂决策是教师在教学互动阶段所做出的思考和决策。具体来说，教师课堂决策是指教师为了实现教学目标与完成教学任务，根据自己的信念、知识和不断形成的实践性认识，通过对教学实践的预测、分析和反思，运用一定的观念和思维范式对课程、目标、手段、方法和策略等进行的判断、选择和组合，确定最有效的教学方案，从而决定整个教学程序设计的综合活动过程。课堂是一个复杂的、充满变化且同时很难预测会发生什么的环境。这就使得课堂上教师们很多时候都在不停地进行决策，每一个教师都是课堂上的"决策者"，教师在决策中推进着教学进度、调试教学计划、赋予课堂更多的变化和意义。教师课堂决策频率较高，Clark 和 Peterson（1986）指出教师在繁忙复杂的教学活动中平均每 2~6 分钟就做一次互动阶段的决策。

Morine-Dershimer（1979）发现课堂教学阶段的决策在很大程度上受教学计划的影响，如果教室里的教学活动和教学计划之间的期望没有差距，教师就会根据教学计划的安排或者是自己的教学习惯进行师生互动；如果教学活动与教学计划之间有出入，教师则会根据实际情景以及所观察到的学生的表现来进行制订互动的策略；如果有明显的差距，教师就必须积极获取学生更多的"临床"信息去进行互动；一旦差距过于显著或存在着很大的不同，教师会倾向于延缓或暂停做出决定，重新思考教学计划。

教师认知研究把教学看做一个决策过程，教师是这个过程的理性决策者。在具体的课堂中，教师的决策体现为课堂事件发生的方向和形式。这些是表面的、可见的，而为何决策则是深层次的、不可见的。正是这些深层次的东西充当了教师采取不同课堂行动的"参照系"（frame of reference）（Dewey 1938/1963），决定了具体课堂决策的发生与否。所谓"参照系"，是指个体或群体用以感知、理解、判断和行动的观念、价值、基本假设或评估标准体系，它有选择地制约这一系列活动的过程和结果。

有研究显示（Richards，1998），专家教师的头脑中对每一节课都有一个摹本，并且能按照自己的意图将课堂目标、时间安排和课程要求统一起来进行教学活动，相比之下，新手教师就缺乏这种常规模式和思维摹本的技能。与新手教师相比，专家教师的认知图式更为精密、复杂、灵活，内部关联性强，易于理解，在课堂决策过程中，能够自如地调用以往所储存的大量并整合良好的教学事实、原则和丰富的经验，具有迅速列举事例、将学生的问题或回答与本节课的教学目标相联系的能力。

从信息加工观点来看，教学充满随机事件，课堂信息不断变化，教师随时面临做出延续或改变当前行为的选择，这种选择与教师对课堂信息的感知、识别和判断有关。教师决策研究在很大程度上受认知心理学、特别是信息加工论的影响，主要考查教师"在线"教学活动时的思维内容和思维过程。课堂决策研究使用刺激回忆（stimulated recall），即向教师回放录像/录音，令其回忆伴随课堂行为的思维活动。此外，教案、日志等也可作为数据来源。研究发现：其一，教师课堂即席思维的内容涉及学生、目标、教材、程序、管理等，其中有关"学生"的思维出现频率最高；其二，教师在课堂中进行着高密度的在线决策，平均每两分钟一次，以应对复杂多变的课堂情境。

教师课堂决策有以下特点：（1）教师是课堂决策的制定和实施者，教师自身的知识体系和对本学科价值的认识决定课堂决策的发生过程；（2）课堂决策是运动的，不固定的；（3）课堂决策是发展的，而非重复进行的；（4）课堂决策的目的是教学目标的达成。

二、影响外语教师课堂决策的因素

从英语新课程标准和旧的教学大纲对比中可以看出，新课改的一个主要突破口是改变学生的学习方式。新的课程标准不再仅仅是对学生学习结果提出要求，更注重的是学生的学习过程，也就是要改变过去被动、机械、僵化的学习方式，倡导主动、合作、探究式的学习方式。如何实现这一转变，关键是教师如何进行课堂决策。教师的角色发生了巨大的变化，教师不再是课堂的主宰者、统治者，而是学生学习的引导者、组织者、合作者。教师是教学过程的理性决策者，是新课程的具体落实者。关注新的课程目标的落实，就不能不关注教师的课堂决策。

Woods（1996）认为外语教师课堂决策的思维过程包括三个部分：第一，课前计划；第二，课堂即时决策；第三，对课堂行为过程的反思、审视的循环往复过程。支配教师做出课堂决策的参照系是他们历经多年的教学实践过程逐渐建立和发展起来的个人理论，包括他们关于外语教学的理论知识、个人信念和一般性假设，以知识结构的形式指引他们的教学行为。

外语教师课堂决策主要受三个方面因素的影响：教师个人因素、学生因素、情境因素。

1. 教师个人因素

在教师个人因素中，首先对教师决策产生影响的是教师信念和价值观。教师信念指教师在教育教学中所形成的教育现象，特别是对自己专业以及自己的教学能力和所教学生的主体性认识。每一名外语教师，无论他从事教学时间长短，都对自己的教学有着一定的教学信念。这些教学信念由一系列复杂的因素构成，通常包括教师对课堂教学、语言、学习、学习者、教学内容、教师自我或教师作用等的看法与判断。教师信念可以影响教师行为，同时也成为预测教师行为和教学效果的有效指标。Woods（1996）认为，支配外语教师课堂决策的因素，是其对语言和教与学的认识，是由外语教师的信念、假想和知识组成的认知参照系，它决定了具体课堂决策的发生或不发生。在这一参照系中，信念、假想和知识相互联系、相互作用，构成一个环链式体系。

其次对教师决策产生影响是教师的学科知识、学科教学知识、学生知识等。外语教师应具备扎实的学科知识，如语言知识和语言技能、语言学知识、文学知识与素养、英语国家文化知识等。教师还应具备学科教学知识，掌握教育学和心理学的知识和原理，知道如何将学科知识有效地传授给学生的教学知识。除此之外，教师还应具有学生知识，了解学生的学习需求，了解学生现有的认知水平和能力。学生是教师最重要的信息来源，学生的知识结构和学习状态影响着教师课程决策的取向和结果。教师在进行课堂教学时必须考虑学生的基础与需要，教师做出合理的教学决策的基础在于教师对学生的综合了解与全面分析，学生现有的能力是教师课程决策的重要参照条件之一。

再次，教师的教学经验、个人的情绪情感也是教师个人因素中重要的影响因素。教师的教学经验会对课堂决策产生积极的影响。经验是决策的基础，重复性强的活动中经验更是决策的行为依据，教学具有琐碎而重复性强的特性，经验可以帮助教师迅速而敏锐地察觉教学问题的症结所在从而妥善、便捷地处理常见性的问题。

尤其要指出的是，教师的个人情绪情感在教师课堂决策中的作用。教师的动机水平越高，他的职业满意度就越高，教学效能感越强，就越能得心应手地驾驭课堂教学，进行课堂决策。

2. 学生因素

在学生因素中，学生的个性，如学生的独特性、社会特性、学习特性、学习特点、生活背景和精力、学生的兴趣等都对教师的教学决策产生很大的影响。

学生因素主要分为两大类：认知因素和情感因素。认知因素指学生的认知能力和认知水平、认知风格、学习策略等。情感因素指学生的学习动机、动机归因、自我效能感、焦虑等因素。不同的学生在认知和情感等方面均存在着不同和差异，这些个体差异会影响教师的课堂决策，教师往往会依据不同的学生的差异性而做出不同的课堂决策。

以往的教学决策高度关注的是认知目的的达成，并以此作为决策的核心内容，而较少关注学生的全面发展，轻视情感、态度、价值观的培养。要改变这种状况，在课堂决策中，教师要做到同时关注学生的认知和情感成长，二者不能偏废。

3. 情境因素

在情境因素中，学校管理者虽然不直接介入教师的决策，但对教师的决策产生重要的影响。教师还会受到同事和朋友、学生家长的干预，甚至其他班级的教学进度、活动开展压力的影响。除此之外，教师所使用的教科书和课程标准、教学参考资料、学校的教育政策、学校的行政政策和活动、学校的设施和资源、时间和天气等环境因素也会对教师决策产生影响。

总之，教师个人因素、学生因素、情境因素相互影响，共同作用于教师课堂决策过程。

第五章　外语教师情感因素

第一节　教师动机

一、教师动机概述

教师动机（teacher motivation）是指影响教师自身学习策略、选择进入教师行业、工作投入及教学策略使用等与教师工作内容有关的教师的内部心理因素。它是探查教师教学行为内在机制的认知与情感过程的重要工具，是影响学生学习动机的一个重要因素。此外，它还是预测教师工作投入程度和职业倦怠的有效变量，也是影响专业化进程中教师主动学习行为的心理变量。目前，运用于教师动机研究领域的动机理论主要包括：自我决定理论，成就动机理论与动机期望价值理论。

二、教师动机理论

1. 自我决定理论

自我决定理论（The Self-determined Theory，STD）是由美国心理学家 Deci 和 Ryan 在 20 世纪 80 年代提出的动机过程理论（1985）。该理论以人本主义为导向，认为个体有自主（autonomy）、胜任（competence）和归属（relatedness）三种基本需要，当这三种需要均得到满足时，个体感知到自己的行为是内部引发、自己能控制和调节的，而不是外部导致、由他人所控的。

Deci 和 Ryan（1985，2000）区分了内在动机和外在动机，两类动机都表达了个体在行为过程中的自我决定，但程度不同。内在动机伴随充分的个人意志和选择，动机的满足在活动之内，不在活动之外，它不需要外界的诱因、惩罚使行动指向目标，因为行动本身就是一种动力。外在动机则伴随外界压力及被外界要求的体验，动机的满足不在活动之内，而在活动之外。内在动机的强度大，时间持续长；外在动机持续时间短，往往带有一定的强制性。人们在体验成就或效能的同时，必须感觉到行为是自我决定的，这才能对内在动机有促进作用；反之，在任务完成中，威胁、最终期限、指令、压力性评价和强制性目标等对内在动机都有削弱作用。

Ryan 和 Deci（2000）认为，由外在动机到内在动机是一个连续体，根据内化的高低程度，将外在动机区分为外在调节（external regulation）、内摄调节（introjected regulation）、认同调节（identified regulation）及整合调节（integrated regulation），其中整合调节就是高度内化的动机，已经很接近内在动机。

有学者将自我决定理论应用于教师动机研究，Spittle 等人（2009）对大学体育教师入职动机影响因素的研究发现，影响这些教师之前选择的社会或情境因素有：教学与人际胜任力、喜欢体育运动、低工作要求感知、榜样和家庭支持。其中，人际胜任力与内在动机正相关，而喜欢体育运动、低工作要求感知与外在动机正相关。Evelein 等（2008）对教师动机自我决定水平的研究发现，实习教师的自主、胜任、归属这三类基本需要满足分别对应于实习教师实习期间的搏斗（fight）——逃避（flight）——无助（freeze）、中间状态及高峰体验倾向。

教师自我决定水平对教学行为的影响研究表明：相对于体验到非自我决定（受外在动机激发）的教师，体验到自己的行为为自我决定的教师（受内在动机激发）有更高的主观幸福感、知觉到更高的同事支持，对学生采用更少的控制性，更加支持学生的自主（Pelletier 等人，2002）。还有研究发现，教师感知到的班级自我决定水平可以预测教师所采用的支持自主、结构和卷入等动机策略，而教师的自我决定水平在这一过程中起调节作用（Taylor 等人，2008）。

Roth 等人（2007）探讨了教师动机对学生动机的影响，发现教师自主教学动机实际上是通过影响学生感知到的教师对学生自主的支持来提高学生的自主学习动机。

2. 成就动机理论和动机期望价值理论

成就动机是指一个人所具有的试图追求和达到目标的驱力。最早研究成就动机的心理学家有 McClelland 和 Atkinson 等人。McClelland 提出的成就动机理论又叫做情绪激发理论，认为成就动机是人格中非常稳定的特质，个体记忆中存在着与成就相联系的愉快经验，当情境能引起这些愉快经验时，就能激发人的成就动机欲望。成就动机强的人对工作学习非常积极，善于控制自己尽量不受外界环境影响，充分利用时间，工作学习成绩优异。McClelland（1958）认为，各人的成就动机是不相同的，每一个人都处在一个相对稳定的成就动机水平。

成就动机具有三个特征：（1）人的活动总是指向一定的目标，总是力图在某些方面取得成就。（2）在克服障碍和困难的过程中，成就动机使人正视所遇到的挫折和失败，表现出极大的韧性和毅力，不达目的决不罢休。（3）人的成就动机是整个动机体系中的一种动机，它与求知、自我提高、创造以及赞誉、遵从、归属等动机交织在一起，相互渗透，相互作用。

成就动机一般来说由认知内驱力、自我提高内驱力和附属内驱力组成，教师的成就动机也是如此。认知内驱力是学习和掌握知识的欲望，即一种求知的需要。教师的认知内驱力表现为强烈的求知欲。一名合格的教师必须掌握丰富的专业知识，具备扎实的知识基础。在知识不断更新的今天，教师更应该不断地学习新知识，更新自己的知识结构，这样才能更好地胜任教学工作。自我提高内驱力是个体因自己的胜任能力或工作能力而赢得相应地位的需要。自我提高内驱力将成就看做是赢得地位与自尊心的根源，是一种外在动机。教师的自我提高内驱力表现为成就欲，优秀教师在成长过程中，他们会刻苦钻研教学，积极参加教研活动，主动与同事沟通，虚心向专家请教，即使遇到困难和挫折，也绝不气馁，坚持不懈，直至获得成功。附属内驱力是一个人为了赢得和保持他人的赞许或认可而表现出来的、要将事情做好的一种需要。教师的附属内驱力是为了保持外界如教师、领导或同事的赞许或认可而表现出来的要把工作做好的愿望，即是一种获得赞许的需要，通常表现为一种强烈的自尊心。

自我决定理论和成就动机理论之间存在一定联系。二者侧重点有所重合，如成就动机理论强调成就（achievement）需要，而自我决定理论强调胜任（competence）需要。两种理论都认为，如果个体的行为是自我参照或自我决定的，将促进个体的幸福感；反之，如果个体行为是他人参照，则会降低自我决定体验中的自我调节的可能性，从而降低主观幸福感。

Atkinson（1964）在成就动机理论的基础上，创建了期望价值理论，认为动机水平依赖于三大因素：一是成功诱因值，即对实现目标的价值判断；二是在某任务中成功的可能性大小；三是成就需要，即主体追求成功的动机强度。这三个因素产生综合影响，其结果使个人接近与成就有关的目标倾向。Atkinson 指出，人在竞争时会产生两种心理倾向：追求成就的动机和回避失败的动机。如果一个人追求成功的动机高于避免失败的动机，那么这个人将会努力去追求特定的目标。如果一个人避免失败的动机强于追求成功的动机，那么这个人就会尽可能地选择减少失败机会的目标。

期望价值理论（The Expectancy-Value Theory）以社会学习理论为基础，将动机看做是两个主要因素的产物：个体达到目标的期望和目标对于个人的价值，认为可以用个体对活动结果的预期及对活动价值的判断来解释个体的选择、坚持性及表现（Eccles，2005；Wigfield & Eccles，2000）。

Watt（2006）基于期望价值理论模型，整合了生涯理论和教师研究成果，建立了一个教师职业选择影响因素模型（factors influencing teaching choice，FIT-choice），来解释教师为什么选择进入教师行业。在这个模型中，社会劝退、先前教学和学习经验、社会影响这三类社会化因素影响了教师的工作感知、个人感知、价值感、"垫底"职业，最终影响教师的行业选择。其中，工作感知包括工作要求和工作回报两方面；个人感知是指感知到的教学能力；价值感包括内在价值、个人功力价值（工作稳定性、家庭时间、工作可转换型）和社会功力价值（塑造孩子未来、提升社会公平、做出社会贡献、与孩子在一起）；"垫底"职业指教师是"垫底"的职业选择。这是目前教师入职动机的研究领域最全面的模型。

Watt 等人（2008）基于 FIT-choice 模型对澳大利亚 3 所大学 1653 名实习教师入职动机进行调查。结果发现，选择频率最高的入职动机因素为自我感知到教学能力、为社会作出贡献的愿望、塑造孩子们的明天以及与孩子在一起；选择频率最低的动机因素为"垫底选择"和他人鼓励。

三、教师动机对教师的影响

1. 教师动机对教师职业认知的影响

教师动机对教师职业认知有一定的影响，尤其是对新教师入职有一定的影响。入职前对教师职业的感知与信念是影响教师选择进入教师行业的重要原因。教师动机水平越高，对教师职业的认知越到位，教师职业选择的自我决定程度就越高。对于教师动机水平高的教师来说，教师职业在他们看来是一个崇高的职业，肩负着培养社会栋梁之才和传承文化的重任，他们认识到教师职业的重要性和光荣感，对教师职业产生浓厚的兴趣，愿意加入到教师队伍中来，愿意为教育事业做贡献。教师的入职动机、入职目标、职业规划以及职业愿景会直接影响教师今后的专业认同及专业发展。

2. 教师动机对教师专业发展的影响

教师动机对教师专业发展有一定的影响。教师专业发展是教师为提升专业水准而经自我抉择所进行的各项活动的历程，以达到促进专业成长，改进教学效果的目的。教师是否具有专业发展的自觉意识是教师专业发展的前提。当教师有强烈的成就动机和明确目标定向时，他们就有职业发展的愿望。在科学知识日益更新、科学技术快速发展的今天，他们意识到只有不断夯实专业基础、拓展专业知识才能跟上时代的步伐，才能满足社会的需要。他们会本着对教育负责、对学生负责的态度，在教学之余，抓住一切学习机会，不断充电，获得专业发展，力求突破自我，超越自我，使自己能更加胜任教学工作。

3. 教师动机对教师教学行为的影响

教师动机对教师的教学行为有一定的影响。教师的动机水平越高，他们的教学效能感就越高，对自己的能力就越充满信心。他们能更加自如地应对工作压力，更好地缓解紧张和焦虑情绪，对职业倦怠的感受较低，不会轻易产生职业倦怠，对工作有着较高的满意度。热爱学生，关心学生，对工作全身心地投入。在教学中，能更好地选择教学策略，开展有效的课堂教学，确保教学质量。

第二节　教师自我概念

一、教师自我概念概述

自我概念（self-concept）指个体对自身的观念、情感和态度组成的混合物（Hilgard, et al., 1979）。它是指个体对自己的综合、整体看法：①是在过去与环境相互作用而形成的经验的基础上建立的；②主要受到他人的强化和评价的影响。自我概念主要是个体对自己身份的界定（我是谁），对自己能力的认识（我能做什么）以及对自己的理想或要求（我应该怎么做）等。

自我概念对个人行为起着自我调节与定向的作用，是个体心理发展的一个重要标志。积极的自我概念对个体的发展有着重要的意义：①能从多个角度了解自己，认识自己，接受自己（包括优缺点），正确地评价自己；②有自尊感、自信心，体验到只有通过自己的努力，才能取得相应的成绩；③有求知欲，敢于面对挑战与挫折；④有良好的人际关系，积极的人生态度，获得的每一种经验都可能被赋予积极的意义。

自我概念的稳定性是指个体改变自我概念的难易程度，它依赖于个体信念的发展程度。即当个体反复体验类似的经验时，其信念逐渐趋于结构化，当遭遇事实冲突时不会对个体产生多大影响。反之，由于个体缺少足够的经验，相关的自我概念未能很好地建立，这时的自我概念比较容易改变。

自我概念是自我意识最主要的方面，集中反映了个体自我认识乃至自我意识的发展水平，也是自我体验、自我调控的前提。

教师自我概念是对自己以及自己与周围环境关系的认识，包括对自己存在的认识，以及对个体身体、心理、社会特征等方面的认识。这种认识是个体通过自我观察、分析外部活动及情境、社会比较等多种途径获得的。

Villa 和 Calvete（2001）认为职业自我概念是由一系列与职业活动相关的自我图式组成的。职业自我概念作为自我概念的一个重要组成部分，在一个人的职业选择和职业发展中起着重要的驱动作用。职业生涯发展是自我概念发展和实践的过程，个人会由自我概念发展出对职业生涯的态度，并作为择业和其他生活角色的选择依据。教师职业自我概念主要是指教师对自己的教学能力、专业水平、职业素养、教师职业价值感和工作表现等方面的信念与态度。在具体的教学情境中，职业自我概念不同的教师对同一教学事件的解读是不同的。Villa 和 Calvete 提出了教师职业自我概念的 6 个维度：专业能力、人际知觉、满意感、创新性、自我接纳、师生关系，并在研究中发现教师职业自我概念的人际知觉、师生关系、满意感 3 个维度分别与教师职业倦怠存在高相关。

国外研究发现教师职业自我概念与职业倦怠之间存在显著负相关（Villa & Calvete，2001；Friedman & Farber，1992），与教学效能感有显著正相关关系（Roche & Marsh，2000）。而国内学者目前更多的是探讨一般自我概念对教师（杨宏飞，2003）或学生（徐富明等，2008）身心产生的影响作用，关于教师职业自我概念的实证研究较少。

近年来，国内一些学者相继在教师职业概念方面做了一些探讨。李玉荣（2006）采用问卷调查的方法探讨了中学教师自我概念的特点，研究结果：初高中教师自我概念水平基本相同，重点高中教师的工作自我高于普通高中教师，生理自我低于普通高中教师；中学男教师社会心理自我和生理自我高于女教师，道德自我低于女教师；中学乡镇教师工作自我高于城市教师；中学教师在社会心理自我、工作自我、生理自我方面表现出教龄的差异性。

颜桂（2009，2011）发现基础教育教师的职业自我概念总体水平比较高，均超过中间值，这是因为：首先，人们天生就有保持良好自我感觉的基本动机。其次，教师是一种需要自我展示的特殊的职业。研究确定了基础教育教师职业自我概念的4个维度结构，即师德（品德）、胜任、自我接纳与人际，并发现在4个维度中，品德得分最高，说明我国基础教育教师比较注重品德修养。

徐富明等（2010）发现小学教师的自我概念以及职业自我概念的分值略高于中学教师。中学教师教学任务繁重，教育对象更具复杂性，工作压力也更大，可能是其职业自我概念略低于小学教师的主要原因。其次，研究还发现，在勇于创新自我概念上，男教师的分值要高于女教师；而在同事关系自我概念和师生关系自我概念上，农村教师的分值要高于城市教师。

二、教师职业概念对教师的影响

教师职业概念表现为对教师职业的职业感与职责感，既包含对自己的态度，如对职业的满意度、对从事职业的信心、对职业的效能感、教师职业生涯的发展与成熟等，又包含对别人的态度，如对环境的融入、对别人的接纳、教师自身人格的社会化与个性化等。教师职业概念对教师职业认知、教师的教学行为以及教师的心理健康都有着重要的影响。

当教师具有正确的职业概念时，就会对教师职业有着正确的认知。他们愿意从事教师职业，热爱教师工作。教师的职业概念对教师的教学行为会产生重要的影响。具有正确职业概念的教师会热爱教育教学，热爱学生，教学效能感强，积极有效地开展课堂教学。正确的教师职业概念对教师的心理健康也会产生积极的作用。正确的教师职业概念能使教师始终保持饱满的工作热情，积极的工作状态，不易产生职业倦怠。

第三节　教师教学效能感

一、教学效能感概述

教学效能感一般指教师对于自己影响学生的学习活动和学习结果的能力的一种主观判断（Ashton & Webb，1986；Gibson & Dembo，1984）。教学效能感这一概念在理论上来源于班杜拉的自我效能（self-efficacy）的概念。所谓自我效能，是指个人对自己在特定情境中是否有能力去完成某种行为的期望。它包括两种成分：结果预期（outcome expectation）和效能预期（efficacy expectation）。结果预期是指个体对自己的行为将导致什么样的结果的一种推测。如果将班杜拉的自我效能感理论应用到教师效能感上，则结果预期反映了教师相信环境能被控制的程度，即学生不论来自何种家庭背景、具有什么样的智力水平、处在什么样的学校环境中，都是可以进行培养教育的。效能预期是指个体对自己实施某种行为能力的一种主观判断。

根据班杜拉的理论，教师的教学效能感包括两个成分：一般教育效能感和个人教学效能感。一般教育效能感指教师对教与学的关系，对教育在学生发展中的作用等问题的一般看法与判断，即教师是否相信教育能够克服外在环境的消极影响而有效地促进学生的发展，即结果预期。具体而言，一般效能感指教师个人对教与学的关系、对教育在学生身心发展中的认识和评价，相信学生的学习成果不完全受制于智商和家庭环境，而是肯定自己的能力，认为在特定情景中，教师是有能力去影响学生的学习成绩的。个人教学效能感指教师对自己的教学效果的认识和评价，是教师对自己是否有能力完成教学任务、能否教好学生的主观知觉和信念，其实质就是教师对自己教学能力的自信程度，即效能预期。

教师教学效能感包含以下几层意思：第一，教师教学效能感既包括认知成分，又包含情意成分；第二，教师教学效能感既是一种能力，又是一种信念。能力表现为教学效能感使教师深信，他们能协助学习者排除各种学习上的障碍，激发学生学习动机，使学生有效地学习，即教师有能力去改变和影响学生；信念表现为这是一种使教师不顾各种阻力去提高学习者学习能力的信念，这种信念使教师坚信学习者会产生正向改变的可能性。第三，教师教学效能感反映了教师在教学活动中的主体性、积极性和创造性，即使在某种特殊情境下，教师也能帮助学生进行有效的学习。总之，教学效能感作为一种认知动力机制，代表着教师的教学能力方面的信念，它直接影响着教师的教学行为、教学成败的归因及对情绪的调控。

在教师专业发展的不同阶段，教师个体的自我效能感的发展是不同的。影响教师教学效能感发展的主要因素：

（1）教师以往教育教学的成败经验和认知归因：成功的教学体验可以提高教师的效能感，而失败的教学体验会降低教师的效能感。根据动机归因理论，如果将成功归因为个人能力和努力，会强化后续行为，增强自我效能感，如果将失败归因为能力不足，那么则会降低自我效能感。

（2）教师的间接经验：当教师看到与自己能力相近的人获得成功时，会提高自我效能感，激发自信心；反之，会降低自我效能感。

（3）他人的评价和言语劝说：他人对教师教学行为的评价以及言语劝说也会影响教师的自我效能感。

（4）教师的生理和情绪状态：当教师身体出现状况、情绪出现波动时，会降低教师的自我效能感；相反，健康的体魄和良好的心绪会增强教师的自我效能感。

大量研究表明，教师的教学效能感与教学监控能力和教学行为、教学策略之间存在着密切的联系。教学效能感是教师对自己影响学生学习行为和学习成绩能力的主观评价，教学监控能力是教师对自身教学活动的自我意识和调节监督，教学策略指教学活动中所运用的方法，而教学行为则是这种教学策略的外显。教学效能感高的教师，对学生教育的影响会更大，而且认为自己有能力教好学生，因而努力提高自己的教学监控能力；反过来，教学监控能力高的教师，会对自己有更高的能力期望和结果期望，因而教学效能感也较高。

二、教学效能感对教师的影响

1. 影响教师的认知和行为

教师教学效能感是教师对教育教学的信念，同时又是教师对自身教学能力的知觉。教师教学效能感越强，他就会为了提高教学效果，注意总结经验、加强学习、摄取有关知识，不断提高自己的教学水平。同时，他所设定的教学目标也越富有挑战性，对教学活动的投入程度也较大，认真研究教学方法，选择不同的教学策略，力争取得较好的教学效果。而教学效能感较弱的教师往往认为自己不能胜任工作，对自己的教学能力没有信心。

教师教学效能感还通过归因影响教学活动过程中的思维，进而影响教学活动。研究发现，不同水平教学效能感的教师在教学成功/失败归因倾向上存在着差异，具体表现在高水平教学效能感的教师更倾向于将其成功归因于自身内部的因素；而低水平教学效能感的教师对失败进行分析时，更倾向于进行外部归因。

教师教学效能感会影响到教师在教学活动中的努力程度，影响教师面对教学困难和失败时对教学活动的持久性。高水平教学效能感的教师在教学活动中愿意投入更多的努力，并持之以恒，愿意接受工作中的挑战。而对教学困难，相信自己能够胜任、解决问题，以极大的热情迎接挑战，工作也就越具有力度，直至既定的教学活动目标的实现。而低水平教学效能感的教师则缺乏教学动力和信念，往往以一种消极的态度来开展教学工作。面对困难时，不能坚持，容易放弃。只满足于既得的成就。有研究表明教师教学效能感与其应对策略之间有着显著的关系。

2. 影响教师的情绪及心理健康

在一定的教学情境中，当教师面对来自教学方面的困难时，教学效能感将决定个体的应激状态、焦虑等情绪反应。高水平教学效能感的教师面对困难时依然会信心十足、心情愉悦，相信自己能有效地控制教学中出现的问题，并通过努力可以取得良好的教学效果。低水平教学效能感的教师面对困难、挫折时则会感到焦虑、恐惧和无助，以致不能很好地完成教学工作，从而产生新的压力和愧疚感。有研究表明，教师教学效能感与教师的紧张水平及职业意愿是相关的。高水平教学效能感的教师表现出更积极的教学改革意愿，喜欢自己的职业；低水平教学效能感的教师教学改革意愿消极、人际关系紧张，不喜欢教师职业。

3. 影响师生关系

教学效能感水平高的教师对教育工作充满信心，更善于创造出积极热情、相互支持和理解的师生关系，他们与学生关系和谐，对遇到困难的学生，乐意给予悉心的指导，对于学生学业成绩的进步，他们也能给予充分的鼓励和表扬。相反，教学效能感水平低的教师则厌倦自己的工作，对自己的工作能力缺乏信心，对待学生态度十分冷漠，不愿与学生进行交往，不愿采用新的教学方法，既不关心教学过程，也不关心学生的成长，表现出疏离感的现象。

三、教学效能感对学生的影响

1. 影响学生的学业成绩

研究表明，教师教学效能感与学生的学业成绩之间存在着显著相关。在教学活动过程中，高水平教学效能感的教师会选择不同的教学方法、灵活的教学策略，表现出积极、正面的情感，对学生进行耐心指导和督促，同时教师的言传身教为学生起到了良好的表率作用。在这样的学习氛围中，学生在学习动机、学习兴趣，对学习目标任务的选择、期望和对学习结果的归因，对学习行为的管理、调控等方面都会以一种积极向上的态度来面对，有助于提高个人的学业成绩。

2. 影响学生个性的培养和人生观的树立

教师效能感是教师影响学生的一种自我信念。相对低水平教学效能感的教师，高水平教学效能感的教师在对学生教育中，更倾向采取具有人文取向的管理意识和民主取向的动机信念，容易形成民主型的师生关系。此时，教师所表现出来的人格魅力对学生起到示范性作用，必然会对学生的个性形成、人生观的树立产生一定的影响。

3. 影响学生的心理健康

教师在教学过程中教学效能感的高低对学生的心理健康影响也很大，主要原因是教师无时无刻不在起着示范作用。研究表明，面对学习任务，高水平自我效能感的学生常常会采取积极的应对方式，努力尝试着克服学习中的困难；相反，低水平自我效能感的学生往往在面对困难时会产生焦虑和无助感。同时，教师在教学过程中或多或少地会把个人积极或消极情绪传递给学生，这都会对学生的心理产生一定的影响。因此，教学过程中增强教师教学效能感会影响学生面对困难时的应激状态和情绪反应，并最终影响学生的身心健康。

第四节　教师期望

一、教师期望概述

人际期望效应的提出来源于一个古希腊神话。相传在古代的塞浦路斯，有一位年轻的国王叫皮格马利翁，擅长于雕塑。有一次，他依据自己心目中的理想女性形象雕塑了一座美丽的少女雕像，长久相伴，竟对其产生了爱慕之情。他渴望少女获得生命，并成为他的伴侣。他的诚意打动了爱神，爱神赋予雕像以生命，雕像变成了一位美丽的少女，并与皮格马利翁结为伴侣。后人用"皮格马利翁效应"（Pygmalion Effect）来比喻人际期望效应。

教师期望是一种特殊的人际期望。美国哈佛大学的心理学家 Robert Rosenthal 将这个神话引进了教育学和心理学的研究领域，发现教师期望对儿童发展具有最直接、重大的影响，证明在教育过程中也存在"皮格马利翁效应"，即教师期望效应。

Rosenthal 和 Jacobson（1966）在美国加利福尼亚州旧金山市奥克学校（Oak School）对 18 个班的一至六年级学生进行了一项"预测未来发展"实验。在运用智力测验对他们进行能力鉴定后，研究者给这些学生的教师提供了一份名单，告诉他们，鉴定测验结果显示名单上的学生具有极大的发展潜力，在学业上会有很大的进步。而实际上，这些名单中的学生都是随机选择的。一年半之后，研究者对 18 个实验班的学生进行了复测，结果发现，与没有被列入名单的其他学生相比，那些被教师认为学业会有"迅猛发展"的学生的智力水平有了显著提高，尤其是一二年级学生智力水平的提高更为明显，列入名单和没有被列入名单学生的智商之差竟然高达 30 个百分点以上。观察表明，教师在对待这两部分学生的态度有细微的区别，他们给名单上所列学生的正确答案以更多的强化，对他们有更多的提示。研究者认为，教师受到暗示，认为某些学生有培养前途，因而对他们抱有积极的期望，经过较长一段时间之后，这些学生的学业和智力都得到了较快、较好的发展。相比之下，那些没有得到教师积极期望的学生在经过同样长的时间之后智力的发展和学业的进步并不明显。这就是教师期望对学生学业影响的经典实验。

1970 年，美国心理学家 Brophy 和 Good 对皮格马利翁效应进行了详细分析，他们认为期望效应产生的过程是：教师对不同的学生有不同的态度和期望，并采取不同的教育方法——学生对教师的不同态度和行为产生不同的反应——教师的期待得到加强和印证——学生学习成绩沿着教师的期望而提高或降低，最终在学年考试中表现出教师期望的实现。

有两类教师期望效应，第一类为自我应验效应（self-fulfilling prophecy effect），即原先错误的期望引起把这个错误的期望变成现实的行为。如果某同学的父亲是著名的数学家，那他的老师很自然地认为他具有数学天分。于是，这位老师对这个同学寄予了很大的希望，希望他能学好数学，鼓励他多做题，结果这种期望果真使这位同学的数学取得了非常好的成绩。

第二类是维持性期望效应（sustaining expectation effect）。老师认为学生将维持以前的发展模式，而对学生特别是差生的改变视而不见，甚至否认的现象。如果老师认可这种模式，那么，他将很难注意到学生的发展潜力。

二、教师期望效应的理论模型

在对教师期望研究的基础上，心理学家们建立了教师期望效应实现的模型，较有代表性的模型主要有以下三个：

（1）Brophy 和 Good 的期望模型

Brophy 和 Good（1970）在研究中指出，教师期望通过教师对待学生行为的不同而直接影响学生的学业成绩和其他方面，并制约学生的态度、期望和行为，为此他们进行了一系列的研究，提出了教师期望过程模型假设。该模型包括五个步骤：

①教师形成了对每个学生特定行为和表现的期望。

②由于这些不同的期望，教师会对不同的学生采取不同的行为。

③这种差别对待传递给学生有关教师期望学生所作的行为和表现的信息，进而影响了学生的自我概念、成就动机和期望水平。

④如果这种差别对待一直持续下去，学生没有以任何方式做出反应或改变教师的期望，那么这种期望会影响学生的成绩和行为，被期望高的学生会不断提高成绩，而被期望低的学生学习成绩会下降。

⑤随着时间的推移，学生的成绩和行为越来越接近和符合教师对他们的最初期望，与教师的期望保持一致。

（2）Rosenthal 的中介因素模型

Rosenthal 在 1973 年曾提出四因素中介模型，认为教师期望的传递是以四种行为群为中介的：

①气氛：教师为高期望学生创造了更为温暖的社会情感氛围。

②反馈：教师给予学生有差别的表扬与批评。

③输入：教师给高期望学生提供更多、更难的资料。

④输出：教师给高期望学生提供更多的反应机会（如给学生更多的回答问题时间等）。

Rosenthal 等人在后续的研究中发现，气氛和输入能产生最强的效应，其次是输出，而反馈却只有很微弱的效应。随后，Rosenthal（1989，引自 Babad，1993）将四因素中介理论重新修整为两因素理论，即情感与努力。情感与原来的气氛因素很相似，而努力包括输入与输出。

（3）Braun 的教师期望模型

1976 年美国教育学家 Braun 进一步分析了教师期望效应产生的过程和原因，用信息论的观点构建了教师期望结果的模式，

即教师期待效应模式（见图5.1）。他认为，学生的身体特征、
性别、学业成绩、社会经济地位等因素是教师期望产生的原因。
根据上述原因，教师会产生一种主观印象，在认知、情感和行为
上就会产生相应的反应，首先会对学生进行优差分组，认为一些
学生优秀，一些学生愚笨，对学生产生不同的期望，随之就会表
现出与学生接触数量上的不同、表扬和批评数量的不同、激励和
暗示数量的不同、给予学生作业难度的不同。对成绩好的学生提
问多，表扬多，题目难度较大，反之则较少。由此可见，在这个
过程中，教师形成期望往往是根据来自各方面的信息，并加以过
滤、评价、整合，对不同的学生形成不同的期望。这个过程既受
到教师自身的生理、心理、经验以及对学生的了解程度等主客观
因素的影响，也受到来自学生的各种信息的影响。

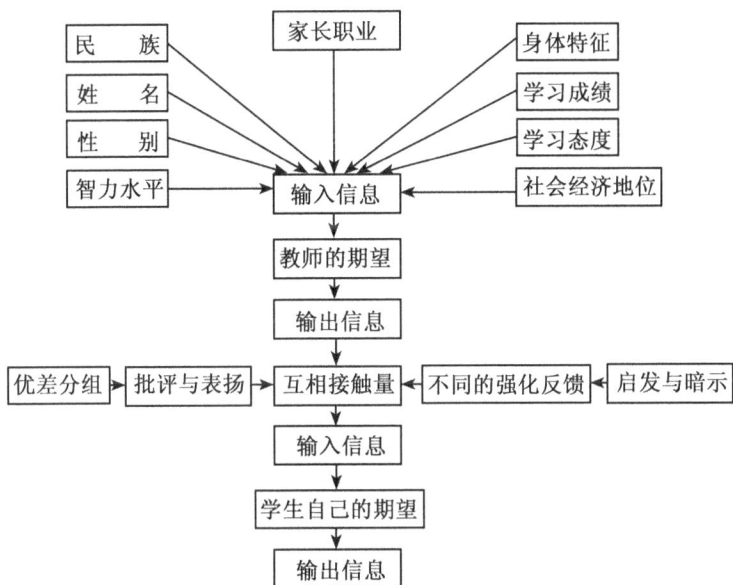

图 5.1　Braun 教师期望模型

三、影响教师期望的因素

（1）学生的背景信息

研究表明，学生的有关背景信息，如学生的测验成绩、作业成绩、班内的排名、性别、身体特征、外貌、种族、社会地位、家庭状况、品德特征、性格特征和讲话的风格等对教师期望的形成产生一定的作用，而根据这些因素所形成的期望对学生的成就有重大的影响。

（2）教师的个人特征

教师作为一个人，他有自己的个性。在其个性特征中，有些特征对教师期望的形成也会产生一定的影响。Good 和 Brophy（2002）将教师划分为三种类型：前反应型教师、过度反应型教师、反应型教师。前反应型教师最有可能对学生持有积极的期望效应，他们对全班及其个别学生都会设置一个清晰的目标，如果他们设置的目标实际，且学生也具备了使目标实现的能力，这些学生就会系统化地朝实现与这些目标相关的期望迈进。过度反应型的教师则最有可能对学生持有消极的期望效应，他们多会根据学生以前的记录和对其行为的第一印象形成固定、刻板的观念，他们更倾向于把学生作为一个类别而非个体来对待。反应型的教师对学生所持的期望效应一般较小，倾向于保持优等生和差生现有的差异，他们对学生的期望较小，并会根据新的反馈结果对期望进行调整。

（3）学生对教师期望的知觉

学生对教师行为的知觉是教师期望与学生成绩之间一个重要的变量。研究者认为，重要的不是教师本身的行为，而是学生对教师行为的知觉。Babad（1990）考察了教师对自己行为的知觉以及学生和教师知觉之间的关系，他们认为学生和教师对教师行为有不同的解释，引起教师差别行为的三个因素是学习支持、压力和情感支持。学生认为，教师给高成就者比低成就者更多的压力和情感支持，给低成就者比高成就者更多的学习支持；而教师则认为他们给予了低成就者更多的学习支持、情感支持，更少的压力。Eccles 和 Wigfield（1995）的研究结果则表明，学生学习的动机是受他们每天在课堂里所得到的教师期望的影响，在此基础上，他们会将这种期望延伸到今后的学习中。

四、教师期望效应与学习者学业成绩

Merton 于 1948 年首先提出自我预言的概念。随后，Clark 在 1965 年对教师、对学生低期望做了研究，认为教师低期望是学生成绩差的一个原因。West 和 Anderson（1976）指出，普通课堂中教师期望一般来自他们自己与学生相处之后，教师期望对学生成绩的效应与学生成绩对教师期望的作用有联系。Williams（1976）的研究表明，教师期望影响教师对学生学习成绩的评定，导致不同学生的分数与他们的客观成绩之间存在着差异。McDonald 和 Elias（1976）的研究表明，教师期望比性别差异、种族差异对学生学习成绩的提高影响更大。在某种情况下，教师抱有高期待或者低期待，会使同一水平上的学生的成绩出现一个标准差的浮动。因此，可以说，教师的期待"决定"了学生学习成绩的结果。

我国对教师期望的研究起步较晚，但近年来，随着认知心理学的发展，也取得了一定的研究成果。宋广文、于新平（1998）研究了影响中小学教师评估学生智力水平的因素，发现中小学教师对学生智力的评价与学生智力水平之间存在显著联系。刘丽红等人（1996）的研究表明，教师期望通过影响学生的学习能力感和学业成就动机而影响学生的学业成绩；学生学业成绩的变化对教师期望水平及其自身的学习能力感和学业成就动机也有影响。郑海燕（2003）以初中生为被试者，探讨了他们在学习中知觉到的教师期望、自我价值感与成就目标之间的关系。研究表明：学生知觉到的教师期望通过自我价值感影响学生成就目标的确立；宋凤宁、欧阳丹（2005）探讨了教师期望、学业自我概念、学生感知教师支持行为与学业成绩之间的关系，发现教师期望是通过学生感知教师支持行为而影响学生学业自我概念，进而影响学业成绩。

综上所述，教师期望对学业成绩的影响不是直接的，而是通过影响学生的学习能力感和学业成就动机而实现的。教师期望通过学生自身的分析、理解、思考等认知环节影响和改变学生的自我观念，将教师的期望转化为自我期望，形成相应的自我概念，从而对自己的学习能力做出评价，产生学习信心和学习活动的内驱力。同时，学习者的学习活动主要是在学校的课堂环境中进行的，学习内容的难度、教师的教学方法以及教师的人格特征都会直接或间接地影响学习者的学业成就。因此，教师期望与学生的学业成绩之间的心理因素主要是学习能力感和学业成就动机。

第五节 教师职业倦怠

一、教师职业倦怠概述

职业倦怠指个体在工作重压下产生的身心疲劳与耗竭的状态，最早由美国临床心理学家 Freudenberger 于 1974 年提出，Freudenberger 认为职业倦怠是一种最容易在助人行业（如教师、护士、律师等）中出现的情绪性耗竭的症状。随后 Maslach 等人（1981，1982，1996）把对工作上长期的情绪及人际应激源做出反应而产生的心理综合症称为职业倦怠。一般认为，职业倦怠是个体不能顺利应对工作压力时的一种极端反应，是个体伴随长时期压力体验下而产生的情感、态度和行为的衰竭状态。

职业倦怠表现在情感枯竭（emotional exhaustion）、去人格化（depersonalization）、成就感低落（diminished personal accomplishment）三个方面。情感衰竭指没有活力，没有工作热情，感到自己的感情处于极度疲劳的状态。情感枯竭是职业倦怠的核心纬度，并具有最明显的症状表现。去人格化指刻意在自身和工作对象间保持距离，对工作对象和环境采取冷漠、忽视的态度，对工作敷衍了事，个人发展停滞，行为怪僻，提出调度申请等。成就感低落指倾向于消极地评价自己，并伴有工作能力体验和成就体验的下降，认为工作是枯燥无味的繁琐事务，不能发挥自身的才能。

教师职业被公认是一种高强度、高压力的职业，较高的工作压力会导致工作效率的降低，影响教师的身心健康并阻碍个人的专业发展。如果工作压力长期得不到有效的控制和缓解，就会产生职业倦怠。

教师职业倦怠主要表现在教师的情感资源过度消耗，感到教师工作没有意义、没有价值，工作目标渺茫，逐渐对教学工作和教学对象失去热情和兴趣；教师对学生表现出负面的、冷淡的或麻木不仁的态度；教师的胜任感和工作成就的下降，认为自己不能胜任教师工作，有无助感，缺乏工作自信，缺乏进取心，工作中易躲避困难，敷衍工作，被动应付。

近年来，国内学者也对教师职业倦怠展开了研究，大多集中在研究中小学教师、幼师的职业倦怠（如申继亮等，2009；李永鑫等，2007），只有少数针对高校教师（张庆宗，2011）。

二、教师职业倦怠成因分析

教师职业倦怠是长期工作压力的结果，导致教师职业倦怠的原因也是多方面的，主要集中在社会因素、组织因素和个人因素等方面。

1. 社会因素

在社会、经济快速发展的形势下，教育的地位和作用越来越受到国家和社会的重视，同时，教育也变成社会高度关注的问题，人们对教育寄予了较高的期望，对教师的要求也在不断提高。教师承受着巨大的社会期望，教师的工作压力、精神压力日益加剧。社会发展与教育改革一方面给教师带来了新的发展机遇，另一方面也给教师带来了更大的压力和挑战，如果不能很好地应对压力和挑战，势必会产生职业倦怠，导致心理问题。

在当今社会，现代信息技术和大众传媒的快速发展，使科学知识、信息的普及化程度大大提高，教师不再是学生唯一的信息源了，这一变化使教师的权威性逐渐丧失，教师的地位和作用再次受到了严峻的挑战，这无疑会影响教师的个人成就感。

虽然现在国家提倡尊师重教，但社会上人们对教师职业的认可和尊重依旧有待提高。在人们的心目中，教师是社会文明的传递者，代表着崇高与神圣，人们不允许教师犯任何错误，教师的一点点错误都会被渲染、放大，使教师的尊严和人格受到损害。如果教师的工作强度与社会地位不相匹配，正常的利益得不到保证，势必会挫伤教师的工作积极性，极易导致教师心理疲劳，从而产生职业倦怠。

2. 组织因素

导致职业倦怠的组织因素主要表现在组织文化、学校对教师的评价机制、教师职业的特殊性等方面。

学校是一个复杂的社会组织。如果学校倡导奋发进取、团结合作的组织文化，学校氛围和谐，教师就会心情愉快，工作效率高，职业倦怠程度就低；反之，如果学校领导专制，教师之间、师生之间、教师与家长之间关系紧张，教师就会感到压抑、焦虑，没有归属感，这些负面情绪迁移到工作中，就会对工作、对学生产生厌倦情绪。

在应试教育仍然占主导地位的今天，学校对教师的评价机制必然与学生的升学率挂钩，升学率成为评判教师能力、考核教师业绩的唯一标准，教师为提高升学率始终处在焦虑、担忧之中。与此同时，教师的教育教学任务异常繁重，教师的职业不同于其他职业，教师除了课堂教学之外，还要花大量的时间备课、批改作业、做学生工作、从事教育教学研究等，这些都是在工作时间之外的隐性付出，这些隐性的劳动付出是无法计量的。尤其是面对日益扩大的班级，面对学生不同的认知水平和情感需求，每个家长都希望教师重视他们的孩子，教师要最大限度地满足学生、家长及学校的需要，只能在工作上加大付出，超负荷运转，使教师不堪重负，从而导致身体和心理的极度疲劳。

教师职业的特殊性是导致教师产生职业倦怠的另一个主要原因。教师是一个需要高度投入、高奉献的职业。教师工作具有长期性、复杂性、重复性和负荷大的特点。在教师长期工作中，知识的不断更新、学生问题的日益严重、教学改革和教研要求等都使教师面临重重压力。教师不但要不断充实自己的知识体系，适应教育改革的大环境，还要了解不同时代背景下学生的心理特征。这些都容易使教师身心疲惫，对职业产生倦怠。同时，在工作中，每一个教师个体总是面对有限的刺激，承担同样的教学任务。教师会感到工作单调，没有新鲜的刺激，没有挑战性，每天都在机械重复前一天的教学工作。在现实封闭的教育系统中，低创造性的工作让教师感受不到新意，没有成就感，这种体验很容易导致教师的职业倦怠。

3. 个人因素

有研究表明，教师角色模糊和角色冲突、教师动机、人格特征、教师专业发展等都会不同程度地引发教师职业倦怠。

角色模糊指个体由于对其职业的权利、义务、责任等缺乏清晰的、一致的认识而感到对工作无法胜任。这种角色模糊容易导致压力的产生。教师职业是角色冲突的一种典型情境，教师职业的特殊性所造成的角色模糊使许多教师感到焦虑和倦怠。随着学校功能的日趋复杂化和多样化，教师所要扮演的角色也越来越多重化，同时承担着师长、领导者、权威、朋友、管理者等多重角色。在家庭和社会中，教师还可能是妻子或丈夫，父亲或母亲，他人的子女等多重角色。有时教师必须同时扮演两种截然相反的角色，如在课上要树立教师权威，为学生传道、授业、解惑，在课下又要成为学生的知心朋友，关心他们，对他们嘘寒问暖。教师往往很难处理好两种同时并存但又相反的角色之间的矛盾，在经历了多种角色转换和冲突之后，不可避免地会感到心力交瘁，可能会导致教师的角色模糊和低成就感。

不同人格特征的教师对压力的应对方式不同，职业倦怠程度也有所不同。研究表明，那些具有 A 型人格倾向、低自尊或外控的教师容易产生职业倦怠。A 型人格倾向的人经常处于压力之中，不但自己承受大的压力，还经常将压力传递给周围的人。具有 A 型人格的教师可能会使他们的学生经常处于紧张的压迫感状态中。另外，那些具有不现实的理想和期望、自尊水平较低、对自己缺乏准确认知的人，很容易产生职业倦怠。

教师动机是影响教师职业倦怠的另一个因素。动机水平高的教师热爱教育事业，工作热情高，愿意在工作中投入更多的时间和精力，在工作中追求成功，尽力避免失败。即使遭遇挫折，也不会感到气馁。相反，动机水平低的教师工作热情不高，对工作采取被动、应付的态度，对学生冷淡漠然，久而久之，必定会对工作产生职业倦怠。

教师专业发展过程中存在着职业高原期。一般而言，教师经过职前准备进入岗位后，在从教 10 年左右的时间，开始进入职业发展的高原期。这个阶段教师的教学水平停滞不前，主要表现为：教学中感到力不从心，教学态度发生了明显的变化，教学热情日渐耗尽，不再主动寻求教学创新，教学水平和教学技能难以提高。事实上，每一位教师都有专业发展的需求，都有成就动机和自我实现的愿望，但由于这样或那样的原因，当他们的愿望和需求不能得到实现和满足时，就会对自己的业务素质、工作能力产生质疑而导致挫败感，从而产生职业倦怠。有研究表明，新手型与熟手型两类教师的倦怠水平远远高于专家型教师。新手型教师刚刚走入工作岗位，面对身份的转变、角色的转换与责任的变化，他们往往会感到无所适从。一旦在教学和工作中遇到难题时，就容易出现精神疲惫，体验到强烈的失败感；熟手阶段是教师成长过程中的关键期，多年的从教经历，一成不变的课堂教学和学生已经让他们厌倦，再加上本身的专业知识没有得到更新也使他们觉得枯竭，因而他们容易体验到倦怠（连榕，2004）。在中、老年教师身上，教学的长期性和周期循环性而导致的职业倦怠表现得更典型、更突出一些。

三、缓解教师职业倦怠对策

1. 提高职业认知，关心学生成长

外语教师应该提高对教师职业的认知，要深刻认识到自己工作的重要性。教师是育人之人，是传递人类文化和文明的人。教师的工作，联系着人类的过去、现在和未来，教师职业是一份荣誉，一份责任，更是一份希望。教师承担着教育的重任，一个国家的兴衰和发展系于教育。如果说教育是国家发展的基石，那么教师就是基石的奠基者。

教师只有爱岗敬业、爱生执业，才能在工作中洋溢出教育生命的活力与激情，才能书写"以人格影响人格，以智慧启迪智慧，以生命点化生命"的教育人生，才能真切体会到做一名教师的快乐、幸福与尊严。教师要学会正确看待自己的工作，要清楚自己的能力和机会。只有当教师对自身的工作有了正确的认知之后，才能关爱学生、快乐从教，才能将教师职业倦怠降低到最低程度。外语教师更是肩负着中西文化交流的重任，是先进文明的传播者，理应为自己的职业感到骄傲和自豪。

另外，在加强教风建设的同时，也要加强学风建设，要在学生中倡导勤学、会学、乐学的风尚，教导他们尊敬师长，学会感恩，关心同学，互助互爱，有效地进行师生互动和生生互动。尤其要帮助学生在外语学习过程中增强对不同文化的鉴别能力，使学生能够健康成长，成为国家和社会建设需要的栋梁之才。

2. 关注自我更新，提升专业素养

教师职业是一个专业性很强的职业，教师专业素质的高低决定了事业成就的高低和幸福感的程度。身为一名教师，只有不断提高自身的综合素质，不断学习新的知识，适应新的教学观念，掌握新的教学方法，达到新的教学要求，从师德修养、学科水平、教学能力、教育科研能力等方面来提升自己的专业素养，才能寻求新的发展，也才能真正拥有心理上的安全感，才能以更平和的心态对待生活和工作中不尽如人意之处，较少地体验到焦虑和挫折。

作为外语教师必须不断提高专业素质、增强专业能力和拓展专业知识，使自己能灵活、适当地运用教材、教法，让学生获得最佳的学习效果。

首先，要做到课前充分准备，课后积极反思。通过教学反思，对教学行为进行合理的归因。如果教师将成功的教学案例归因为能力和努力等内在因素，他就会信心百倍，继续努力，争取再次取得成功；如果教师将成功的教学案例归因为运气等外在因素，那么他就很难感受到成功的体验，对今后的教学也很难产生促进作用。研究表明，积极的归因能增强教师的教学效能感，降低职业倦怠程度；消极的归因会降低教师的教学效能感，增加心理紧张程度，加重职业倦怠。通过教学反思，教师可以在重复性的教育教学活动中发现新的兴奋点、找到新的意义，以此唤起和激发对工作的热情和生活的情趣，在工作中最大限度地发挥主观能动性和创造性。

其次，要将教学与科研紧密地结合起来，要充分认识到科研反哺教学、增强教学效果的重要性。针对外语教师科研意识薄弱、科研能力欠缺的实际情况，培养教师的科研意识，开设科研方法讲座，组织科研团队，使教师在丰富的教学实践中立足本校实际，开展外语科学研究，同时，通过争取科研项目、发表科研成果感受到科研带来的成就感和满足感。

教师个体的专业发展是提高教师教学效能感，抑制职业倦怠的有效策略。教学效能感高的教师能正确看待和妥善处理教学中出现的困难和问题，容易获得成功，并能得到学生的认可和尊重。教学效能感低的教师认为自己没有能力应对教学中的困难，常常采取回避的态度，在工作中体验的不是成功，而是痛苦和失落，很难有所作为，进而产生职业倦怠。

3. 减轻工作负荷，关注教师健康

教师的职业不同于其他职业，教师除了课堂教学之外，还要做大量的其他工作，如备课、批改作业、做学生工作、从事教育教学研究等。中小学外语教师的课时多、工作量大，缺乏调节是一个不争的事实，也是一个共性的问题。因此，有必要减轻教师的工作负荷，让他们有一定的时间得到休闲和调整，以改善他们的情绪状态，确保身心健康。

教师在工作之余应该培养一些兴趣爱好，以便达到修身养性、放松身心、缓解压力的效果。除了体育锻炼之外，还可以根据自身特长，选择一些富有创造性的活动，如绘画、歌唱等，尽情享受创造的快乐。

同时，减轻教师工作负荷有助于教师有更多的时间进行在职学习和培训，不断充实自己，以改善他们的工作状态，切实提高教学水平和教学质量，从而降低职业倦怠。

4. 创设良好环境，改善生存条件

创设一个安全、温暖、公平的工作环境。尊重教师、关爱教师、鼓励教师参与管理与决策，让教师在良好的工作环境中、尊师重教的氛围中体验到教学工作的愉悦，感受到自我成长的快乐，从而进一步激发教师的工作热情和潜能，提高教师职业的满意度和认同感，提升教师的主观幸福感。

建立人性化的管理制度，建立科学、合理的教师评价体系。建立有效的评价体系时要充分考虑到外语学科的特殊性。明确教师任务分配、阐明角色和责任，提供建设性的反馈、更多地接纳教师对学校管理、制度的意见。尊重、信任、理解教师，最大限度地调动教师的积极性，使教师进一步增强爱岗敬业的意识。

尽量改善教师的待遇，减少教师的后顾之忧，让教师全身心地投入到工作中去。青年教师的工资待遇低，生活压力大，要更多地关注他们的情感状态、心理健康需要；刚入职的青年教师除了要关心他们的物质生活、精神生活之外，还要有计划、有步骤地指导他们的专业发展。

教育管理者要清楚地认识到教师出现职业倦怠，不是他们懒惰、不想有所作为，更不是道德层面的问题，而是由于教师职业的特殊性、教师的个人因素、工作的外部环境所致。因此，教育管理部门要理性地对待教师产生的职业倦怠，通过帮助教师提高对职业的认知、注重自我更新和专业发展等途径降低职业倦怠。同时，教育管理部门和学校也要关注教师个体的专业发展，采取减轻教师的工作负荷的措施、建立科学、合理的教师考评体系、改善教师待遇等方法缓解教师职业倦怠。

第六章　外语教师专业发展

第一节　教师发展概述

教师专业发展是教师个体由新手逐渐成长为专家型教师的过程，指教师在整个专业生涯中，通过终身专业训练，学习教育专业知识技能，逐步提高自身从教素质，增强专业能力，成为一个良好的教育专业工作者的成长过程。教师专业发展是一个教师终身学习的过程，是一个教师不断解决问题的过程，是一个教师的职业理想、职业道德、职业情感、社会责任感不断成熟、不断提升、不断创新的过程。概括地说，教师专业发展就是指教师习得并提升有效教学专业实践所必需的知识与技能的过程。

自 20 世纪 60 年代以来，教师专业发展的内涵研究、阶段研究和模式研究成了教师专业发展研究的主题。Hoyle（1980）认为"教师专业发展指在教学职业生涯的每一个阶段，教师掌握良好专业实践所具备的知识与技能的过程"。Fullan 和 Hargreaves（1992）认为，教师专业发展指在职教师在目标意识、教学技能和与同事合作能力等方面的全面进步。Fuller 最早提出了教师专业发展的五阶段理论。从相关研究来看，研究者对"教师专业发展"的理解是多种多样的，归纳起来主要有三类：第一类指教师的专业成长过程；第二类指促进教师专业成长的过程；第三类认为以上两种含义兼而有之。

我国对教师专业发展阶段的研究始于 20 世纪 80 年代，林崇德、申继亮、叶澜等从认知心理学角度对教师素质结构予以研究的成果和叶澜等从教育学、伦理学研究视角出发构建的教师专业化的理论框架，为我国教师专业发展阶段的研究奠定了理论基础。

教师专业发展主要呈现三种取向：教师专业发展的理性取向（intellectual perspective），教师专业发展的实践—反思取向（practical-reflective perspective），教师专业发展的生态取向（ecological perspective）。

一、教师专业发展的理性取向

教师专业发展的理性取向就是教师接受充分的学科知识和教育知识，重点是知识的获得和行为的变化，发展的途径是各种短期或长期的正规培训。要确保教育的质量，必须提高教师的专业水准。提高教师的专业水准就是明确教师专业的知识基础，使教师的教育拥有更为坚实的理智基础。影响有效教学的因素是教师的学科知识和借以将这些知识、技能传递给学生的教育知识。因而这种取向的教师专业发展就是向专家学习某一学科的学科知识和教育知识。

教师专业发展的理性取向来源于"技术理性"。"技术理性"是一种追求规范、可操作的理性精神。在技术理性的指导下，具体的教学成为学科内容的知识与教育学、心理学原理与技术的合理运用，它关注的是什么知识对教师的教育教学有用，那么教师就应该掌握什么样的相应知识，由此形成一种"技能熟练"的教师专业发展模式。教师专业发展的理性取向注重对教师专业发展内容进行客观、理性的分析，建构教师专业知识、能力结构，并最终形成可测量、易操作的指标体系。因此，教师专业发展成为丰富学科知识、移植教育理论、照搬教育专家理念的过程，衡量专业发展的程度是看其专业知识是否丰富、技能是否娴熟。教师专业发展的理性取向的局限性在于：教师专业发展的内容被严重窄化了，成为单纯的知识技能历练，忽视了教师作为"人"

的情感、智慧等因素的实现。

二、教师专业发展的实践—反思取向

教师专业发展的实践—反思取向认为教师对于影响其专业活动的知识、理解或信念，不是通过培训或从外面专家那儿"获得"，而主要依赖于教师个人或合作的"探究"和"发现"；认为应当关注"实践"，强调"实践"本身所包含的丰富内涵，关心"教师实际知道些什么"；认为教师专业发展的目的并不在于外在的、技术性知识的获取，而在于通过各种方式促使教师对自己的专业活动直至相关的物、事有更深入的"理解"，发现其中的"意义"，以促成"反思性实践"（reflective practice）。与理性取向强调教师专业知识与技能的掌握，寻求教师专业普遍的知识、能力结构不同，教师专业发展的实践—反思取向强调教师作为一个"人"的独特性，强调教师个人生活与其专业生活的关联，更为注重教师"个人的"、"实践的"专业知识在专业活动中的作用。

教师专业发展的实践—反思取向注重教师专业发展的过程性与体验性，因而非常关注情感与态度在教师成长中的重要作用，即教师的发展不仅是理性的成长，而且还包括情感的丰富与深化。Hargreaves（1988）曾指出，情感与知识是内在交织的，知识以情感为前提，认知建立在情感偏好的基础上，情感又以认知为基础——情感离不开认知的诠释。因此，情感与态度在教师发展中同样具有重要作用。

基于这种取向，教师专业发展的主要目的并不在于外在的、技术性知识的获取，而在于通过反思活动，促使教师对自己的专业活动有更深入的理解，发现其中的意义，以促成反思性实践。实践—反思取向的教师专业发展的途径是经验学习，主要通过写日记、文献分析、教师会谈、参与课堂观察等方式进行探究、合作和反思，加强对自身教学实践的认识，不断提升教学能力。实践—反思取向的教师专业发展是一种探究性的专业发展，对影响教师专业活动的知识或信念，不是通过（从外面专家）"获得"，而是主要依赖教师个人或合作的"发现"。

三、教师专业发展的生态取向

生态取向的教师专业发展观是将教师置于某一群体中，关注群体中的各种因素，包括群体中的人、事、物等之间的关系。生态取向的教师专业发展理论关注一个动态的、宽广的生长环境中教师成长的问题，探讨的是教师与其生长环境中各因素的关系问题，关注的重心及落脚点则是教师如何更好地与他所处的日常工作环境中的各因素相融合，以获得专业上的成长和发展。

获得知识的途径也是多样的，根据理智取向和实践反思取向，通过书本习得和专家学者的传授可以获得知识；通过对实践的反思，教师也可以获得感受更深的、记忆更牢固的知识。然而，就教师的专业发展而言，教师发展其专业知识与能力并不仅仅依靠自己，而会向他人（如校外专家或同事）学到更多；教师并不是孤立的形成与改进其教学的策略与风格，这种策略与风格的形成与改进更大程度上有赖于"教学文化"（cultures of teaching）或"教师文化"（teacher cultures），正是教学文化，为教师的工作提供了意义、支持和身份认同。教师在其所生存的教师群体中，通过彼此的交流和文化氛围的熏陶同样可以获得成长和提高，此时，他所获得的知识就来自于群体的文化。这就是生态取向教师专业发展理论的价值观所在。

教师实现专业发展不仅要通过教师个人的学习与实践反思，更重要的是在教师群体中形成合作的专业发展文化与模式，正是这些文化为教师的工作提供了意义、支持和身份认同。生态取向的教师专业发展并不完全依赖自我，个人环境、组织环境都对其产生重要影响。相对于理智取向和实践反思取向而言，教师专业发展的生态取向采用更宏观的视角，更多关注的是"文化""社团""合作"和"背景"，更为关注教师发展的方向或途径而不是教师专业发展的内容。"社团"指教师所处的教师团体、群体。学校组织中存在各种教师组织或群体，有正式群体，如年级组、教研组；也有非正式群体，如部分教师因年龄、兴趣相近或相同而组成的"友谊群体"。每个教师都会处在一个或者多个群体中，势必要受到来自群体文化、包括其他成员言行、观念等的影响。因此，关注社团或者说关注教师组织或群体，对探讨教师专业发展途径有重要意义。这里的背景不仅指教师个人所处的群体环境，也包括教师群体所处的环境；而从另一方面来说，"背景"还包括教师个人成长的历程、职业发展经历，这些因素对教师专业发展都有着重要影响。它们反映的是一种文化的因素。在一个群体中，合作的行为对集体和个人目标的实现都是非常必要的。因此，生态取向的教师专业发展主要的注意力不是学习某些学科知识或教育知识，也不是个别教师的"反思"，而是教师之间如何更好地合作，如何构建合作的教师文化。

　　生态观下的教师专业发展与理智取向、实践—反思取向教师专业发展的最大区别在于：它超越了理智取向、实践—反思取向中主要关注教师本身的局限，转而关注教师专业的背景、专业图景中各因素的关系。生态取向的教师专业发展的最理想的方式是合作的发展方式。

表6.1　　三种取向的教师专业发展的内容、途径与方式

取　向	内　容	途径与方式	关键词
理智取向	教师个体知识的获得与技能的提高	培养与培训	知识技能
实践—反思取向	教师个体实践行为的改进	个人的或合作的"探究"与反思	实践反思
生态取向	教师群体的共同发展	建构合作的"教师文化"或"教学文化"	合作、文化、社团、背景

第二节　教师专业发展理论

对教师专业发展的研究最早始于美国学者 Fuller 对教师关注阶段的研究，至今已有许多学者参与到教师专业发展理论研究的行列中，并产生了精彩纷呈的教师发展理论，具有代表性的教师发展理论："关注"阶段论、Katz 的教师发展时期论、Burden 的教师发展理论、职业生命周期阶段论、Huberman 的教师职业周期论、Steffy 的教师生涯阶段模式论、心理发展阶段论、教师社会化发展阶段论。

国内的学者也有相应的研究成果。连榕等（2003，2004）在前人研究的基础上，结合我国教师的特点，主要从教龄和职称两方面入手，提出教师发展三阶段论：新手型教师、熟手型教师、专家型教师。申继亮等（2002）在研究中发现不同教师关于教师成长的历程有两种不同的观点：一种是三阶段论，包括熟悉教学阶段、个体经验积累阶段和理论认识阶段；另一种是四阶段论，包括学徒期、成长期、反思期和学者期。

一、"关注"阶段论

"关注"阶段论以美国学者 Fuller 和 Bown（1975）为代表，他们以教师共同心理特征、态度和实际需求，根据教师关注的内容将教师职业生涯分为四个阶段：教学前关注阶段，早期生存关注阶段，教学情境关注阶段，关注学生阶段。在每个发展阶段，教师所关注的事物都有所不同。

（1）教学前关注阶段（pre-teaching concerns）：该阶段是教师培养阶段。大部分人对教师角色仅处于想象之中，由于没有担任过任何教学工作，无任何教学体验，所以只关注自己。在对其他教师观察的初期，常常持批判的态度。

（2）早期生存关注阶段（early concerns about survival）：该阶段是实际接触教学工作阶段，主要关注的是自我胜任能力以及作为一个教师如何"幸存"下来，关注对课堂的控制，关注是否被学生喜欢和他人对自己教学的评价。在此阶段，教师已感受到极大的压力。

（3）教学情境关注阶段（teaching situation concerns）：该阶段所关注的是教学情境问题，以及教学对教师各种教学的能力与技巧要求。因此，在这个阶段教师重视的是自己教学所需要的知识、能力、技巧等，所关注的是自己的教学表现，而不是学生的学习。

（4）关注学生阶段（concerns about students）：许多教师在职前接受师范教育时表达了对学生学习、社会、品德和情绪需求的关注，但却没有实际行动，因为他们不知道该如何做。当这些准教师成为真正的教师以后，他们从实际工作中学会了如何克服困难和调配繁重的工作之后，开始关注学生的一切。

从教师专业发展的角度来看，Fuller 将教师所关注的内容作为衡量发展水平的标志，关注自我的教师发展水平较低，关注学生的教师发展水平较高。从新教师到一般合格教师必须经历全部阶段。Fuller 仅讨论了教师在不同发展阶段所关注的事物，没有囊括教师发展的方方面面。

二、Katz 的教师发展时期论

Katz（1972）根据自己与学前教师一起工作的经验，运用访谈和问卷调查等方式，将教师发展分为四个时期：

（1）存活期（survival）：该时期持续一到两年时间。在这个时期内，教师原来对教学的设想与实际有差距，主要关注的焦点是自己在陌生的环境中能否生存。此外，新教师在教学中需要得到各种技术上的协助。

（2）巩固期（consolidation）：该时期将持续到第三年。在这个时期内，教师获得了处理教学事件的基本知识，并开始巩固所获得的教学经验，关注个别学生以及思考如何帮助学生。但这个时期还需要专家、同事和领导的建议和帮助。

（3）更新期（renewal）：该时期持续到第四年年底。在这个时期内，教师对重复、机械的工作感到厌倦，试图寻找新的方法和技巧。应鼓励这个时期的教师参加各种学习进修活动。

（4）成熟期（maturity）：该时期延伸到第五年和五年以后。在这个时期内，教师已习惯教师的角色，能够深入地探讨一些教育问题。这个时期的教师仍然要参加各种促进专业发展的活动。

Katz 提出的教师发展理论，为区分教师发展阶段提供了有价值的见解，但也存在着不足，如没有对成熟教师的专业发展做进一步的区分。

三、Burden 的教师发展理论

Burden（1979，引自叶澜等，2001）对教师职业生涯发展进行了一系列的质的研究，提出了教师发展的三阶段：

（1）求生存阶段（survival stage）：指从事教学的第一年。在这个阶段，教师所关心的是做好与教学工作相关的工作，如管理班级、提高教学技能、了解教学内容、制定教学计划、组织教学材料。该阶段的教师仍然缺乏信心，不愿意尝试新的方法。

（2）调整阶段（adjustment stage）：指从教的第二、三年。在这个阶段，教师对教学有了进一步的了解，感觉更轻松了。他们开始了解学生的复杂性并积极寻找新的教学技术以满足更广泛的需要。师生之间的关系变得更加真诚和开放。

（3）成熟阶段（mature stage）：指从教五年和五年以上的教师。在这个阶段，教师在教学活动中感到舒适，并能适应教学环境。他们有了安全感，能处理教学中发生的任何事情，关注学生的需求，重视与学生之间的关系。

Burden 的教师发展阶段理论以其丰富的数据为基础，而使其研究成果更加引人注目。但 Burden 仍然将所有成熟教师归为一类，没有对成熟教师做进一步的区分研究。

四、职业生命周期阶段论——Fessler 的生涯发展理论

职业生命周期阶段论是以人的生命自然的衰老过程与周期来看待教师的职业发展过程与周期，其阶段的划分以生命变化周期为准。代表人物有美国学者 Fessler 等人。Fessler（1985）以各种情境因素对教师个人影响的复杂程度将教师生涯发展分为八个阶段：职前教育阶段，实习导入阶段，能力建立阶段，热心和成长阶段，生涯挫折阶段，稳定和停滞阶段，生涯低落阶段，生涯引退阶段。

（1）职前教育阶段（pre-service）：这个阶段是特定职业角色的准备时期，即教师的培训养成时期。主要是学院或大学进行知识学习和专业训练，也包括教师从事新角色和新任务的再训练，或者参加高等教育机构的学习，或者在工作中进修。

（2）实习导入阶段（induction）：这个阶段是教师最初任教的前几年，他们要学习教师角色的社会化，要适应学校系统的运作。这个时期的新教师工作较为努力，希望能被学生、同事、上级及其他人员所接纳，力求稳妥地处理日常事务。

（3）能力建立阶段（competency building）：这个阶段是教师尽量完善教学技巧，提高教学效率，寻求新材料，发现和运用新方法、新策略的时期。这个时期的教师渴望形成自己的技能，他们学习欲望强，容易接受新观念，乐于参加各种研讨会和教师培训活动，热衷于研究、进修课程。

（4）热心和成长阶段（enthusiastic and growing）：这个阶段的教师在能力水平建立以后，热心教育工作，持续不断地追求自我实现。他们热爱工作，积极主动，不断充实、丰富教学方法。有较高的工作满意度，积极支持和参与学校的各种职业教育活动。可以说，热心成长与高度的工作满足感是这个阶段的要素。

（5）生涯挫折阶段（career frustration）：这个阶段的教师可能受到某种因素的影响而产生教学上的挫折，出现理想幻灭，工作不满意，情绪沮丧，并开始怀疑自己的工作能力及所从事职业

的正确性。这个阶段又被称为教师的职业倦怠期,教师工作满意度下降,这种挫折感在生涯发展周期的中间阶段经常出现。

(6)稳定和停滞阶段(stable and stagnant):这个阶段是生涯发展中的平原期。这个阶段的教师出现停滞状态,除了分内的工作之外,不再想多做其他任何事情,他们的工作虽然可以接受,但这些教师维持现状,不再追求优秀和成长。这个阶段可以说是缺乏进取心、敷衍塞责的阶段。

(7)生涯低落阶段(career wind-down):这个阶段是教师准备离开教育职业的低潮时期。有些教师回顾过去觉得很满意,因为他们曾经有过辉煌的教学成绩并在心中留下美好的回忆;而有些老师因一事无成而异常苦闷。该阶段的长短因人而异,也许是几年,也许是几个月或几周。

(8)生涯引退阶段(career exit):这个阶段是教师离开教学生涯以后的时期。不同的人有不同的选择,有的人找到临时的工作,有的人从事非教学工作,有的人享受天伦之乐。

教师所经历的职业周期是教师作为发展中的人与环境因素相互作用的结果。Fessler 把教师的职业周期放在个人环境和组织环境中来考察,教师的职业周期是教师作为发展中的人与这两个环境影响因素相互作用的结果。Fessler 指出教师的职业周期是一种动态、灵活,而不是静态、线性的发展模式。Fessler 提供了较为完整的纵贯教师生涯的理论框架,具有重要的理论参考价值。

五、Huberman 的教师职业周期论

在教师职业周期研究中,Huberman(1993)提出了另一较有影响的模式,他们将教师职业周期分为五个时期。

(1)入职期(career entry):时间在工作后的第 1~3 年,可将这一时期概括为"求生和发现期"。课堂环境的复杂性和不稳定性使教师对自己能否胜任教学产生了怀疑,同时,由于有了稳定的工作和自己的学生,教师又表现出积极、热情的一面。

(2)稳定期(stabilization phase):时间大约在工作之后的

4~6年。这个时期的教师初步掌握了一些教学法，由关注自己转向关注教学活动，不断改进教学基本技能，逐渐形成了自己的教学风格，表现出自信和愉悦。

（3）实验和重估期（experimentation and assessment）：大约在工作后第7~25年。随着教育知识的积累和巩固，教师们开始不满足于现状，试图进行教改实验，不断地对自我和职业进行挑战。但也有一部分教师因年复一年单调、乏味的课堂生活，或者连续不断的改革后令人失望的结果而引发危机，代之以自我怀疑和重新评估。

（4）平静和保守期（serenity and conservation）：时间在工作后的26~33年左右。许多教师在经历了怀疑和危机之后开始平静下来，能够轻松地完成课堂教学，也更有信心。但随着职业目标的逐渐实现，对专业发展失去热情，志向水平开始下降，对专业投入也减少。教师变得较为保守。

（5）退休期（disengagement）：时间在工作后的第34~40年前后，即教师职业生涯的逐步终结阶段。

Huberman的理论将教师置于家庭、社会和职业场景之中，揭示了教师的专业生活与其专业外的生活是不可分割的，教师的专业观念和专业行为与其专业之外的活动有着千丝万缕的联系。

六、Steffy 的教师生涯阶段模式论

Steffy（1989）依据人本主义的自我实现理论建立了教师生涯发展模式，主要分为五个阶段：预备生涯阶段（anticipatory career stage）、专家生涯阶段（expert/master career stage）、退缩阶段（withdrawal career stage）、更新生涯阶段（renewal career stage）、退出生涯阶段（exit career stage）。Steffy 的教师生涯阶段模式论与 Fessler 职业生命周期阶段论有着许多相似的地方，在此不再一一赘述。需要说明的是，Steffy 提出的"更新生涯阶段"弥补了 Fessler 教师发展循环论的不足，即当教师处于发展的低潮时，如果给予教师适时、适当的协助与支持，教师是有可

能度过低潮而继续追求专业发展的。

七、心理发展阶段论

心理发展阶段的划分把教师当做一个成年的学习者来看待，是建立在认知理论、概念发展理论及道德判断等理论的基础上的。代表学者 Leithwood（1992）将教师的发展分为四个阶段：

（1）第一阶段：教师的世界观非常简单，坚持原则，相信权威，认为任何问题只有一种答案。

（2）第二阶段：教师的行为遵从现行的框架，特别易于接受他人的预期，主要表现为墨守成规。对他们来说，课堂规则十分明确，要求所有学生必须严格遵守规则。

（3）第三阶段：教师有较强的自我意识，能够意识到某些教学情境下的多种可能性。教师已经将规则内化，能根据实际情况灵活掌握规则，关注学生的成绩和他们的未来，注重良好的人际关系。

（4）第四阶段：教师较有主见，能够从多角度分析不同的课堂情境，应用规则时显得更加灵活、自如。师生之间密切合作，强调有意义学习、灵活性和创造性。

八、教师社会化发展阶段论

教师社会化发展阶段论从教师作为社会人的角度，考察其成为一名专业教师的变化过程，主要关注个人需要、能力、意向与学校机构之间的相互作用。英国教育社会学家 Lacey（1977）指出，教师专业化是指个人成长为教学专业的成员并且在教学中具有越来越成熟的作用这样一个转变过程。Lacey 对教师社会化发展阶段的划分如下：

（1）"蜜月"阶段

（2）"寻找教学资料和教学方法"阶段

（3）"危机"阶段

（4）"设法应付过去或失败"阶段

教师发展阶段的理论研究经历了一个从点——教师的关注点，到面——教师发展全程的拓展，是一个逐步进步、完善的过程。

第三节 外语教师专业教育模式

外语教师专业发展，除了教师个人具有专业发展意识之外，在很大程度上仍然依赖于师资培养。Wallace（1991）将教师成长的历程概括为三种模式：匠才/学徒模式（craft model）、应用科学模式（applied science model）、反思性模式（reflective model）。

一、匠才/学徒模式

匠才/学徒模式指有经验的教师对新教师进行的言传身教传授。有经验的教师告诉新教师做什么并演示如何做，并不解释教学方法背后的原则或原理，新教师靠观察、模仿有经验的教师和自己的经验积累，逐渐形成专业能力，在教学实践中不断提高教学质量。该模式如图 6.1 所示：

图 6.1 专业教育中的匠才模式（Wallace，1991）

二、应用科学模式

随着心理语言学和社会语言学等学科的兴起，教师教育中的应用科学模式应运而生。应用科学模式指新教师学习与外语教学相关的理论课程，在理论指导下形成教学思路和方法，应用于教学中。

应用科学模式，如图 6.2 所示，认为教师的专业能力是受学科内容的专业知识和教育学、心理学的原理所制约的。在该模式中，"教学实践"被认为是学科内容知识和教育学、心理学的原理的合理运用。教师的专业程度就是凭借这些专业知识、原理的熟练程度来保障的。该模式侧重于对教学内容再处理、教师课堂教学环节组织、教学过程调控、课堂管理、突发事件处理、师生互动中的技艺的追求。

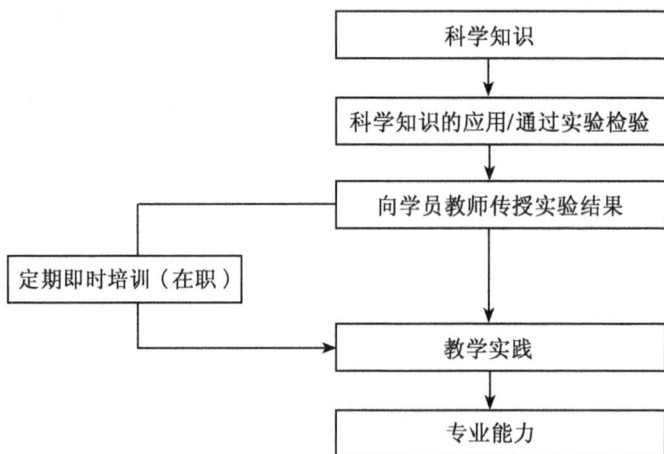

```
            ┌─────────────────────┐
            │      科学知识        │
            └─────────────────────┘
                      │
            ┌─────────────────────────────┐
            │ 科学知识的应用/通过实验检验  │
            └─────────────────────────────┘
                      │
   ┌────────→┌─────────────────────────┐
   │         │   向学员教师传授实验结果 │
   │         └─────────────────────────┘
┌──────────────┐           │
│定期即时培训（在职）│      │
└──────────────┘           │
   │         ┌─────────────────────┐
   └────────→│      教学实践        │
            └─────────────────────┘
                      │
            ┌─────────────────────┐
            │      专业能力        │
            └─────────────────────┘
```

图 6.2　专业教育中的应用科学模式（Wallace，1991）

应用科学模式是向接受培训的教师自上而下地传授一整套理论的培养模式。这些理论来自各学科的研究成果，而接受培训的教师在接受理论之后应自觉地在教学实践中将其付诸实施。这种培训模式是研究者通过"过程—结果"研究（process-product research）概括出优秀教师的若干特征后，确定其行为中有规律性"变量"（如提问的方式、课堂活动的时间安排等），并将其作为教师培训中的教学内容和目标。尽管这些研究成果易于操作，便于培训，但忽视了外语教学的复杂性。外语教学是一个复杂的过程，教师、学生、教学环境等因素的差异使外语教学不能用简单的某一个或者某一些理论/方法来规约、限定。这种通过寻求"优秀教师"外部特征的培训模式不能充分解释教师发展的内部机制。

三、反思性模式

反思（reflection）是教师基于自己的教学活动来分析自己作出某种行为、决策以及产生结果的过程，是一种通过提高参与者的自我察觉水平来促进能力发展的手段。教师对自己教学的反思，有助于教师自身教学能力的提高。教师的反思有三种（Killion & Todnem，1993）：（1）行动后反思（reflection-on-action），是个体在行为完成之后对自己的行动、想法和做法进行的反思。（2）行动中反思（reflection-in-action），个体在做出行为的过程中对自己的行动中的表现，自己的想法、做法进行反思。（3）为行动反思（reflection-for-action），这种反思是前两种反思的预期结果，即"行动后反思"与"行动中反思"的目的最终形成超前性的反思，从而形成在行动之前的三思而行的良好习惯。首先，教师计划自己的行动，通过"行动中反思"观察所发生的行为，把自己当做局外人，以此来理解自己的行为与学生的反应之间的动态的因果联系。而后，教师又进行"行动后反思"和"为行动反思"，分析所发生的教学实践，并得出用以指导以后教学决策的结论。如此更替，成为一个连续的过程。

反思性教学理论主张在教师培养过程中培植教师的反思意识，鼓励教师去反思自己的教学理念，观察和评估教学行为、教学过程以及引发这些行为的认知内涵，使其不断地自我调整，自我建构，从而使教学实践与教育理念不断达到和谐、统一。反思是过去和现在、理论和实践之间的一座桥梁，反思使以往的经验成为有教育意义的经验（Dewey，1938/1963）。

美国心理学家Posner（1989）曾提出了一个教师成长的公式：经验+反思=成长。他指出，没有反思的经验，是狭隘的经验，而在反思性教学中，教师可以通过对自己教学经验的解释，来增进其对教学现实的理解，提高自己的教学水平和培养自己的职业能力。

反思性模式指新教师在教学实践、观察他人教学或回忆自己教学的基础上，进行自我反思、与他人研讨，以形成教学理论或思路，再付诸实践，教学质量在这种螺旋式循环过程中，不断得到提高。反思性模式强调教师将专家的理论研究与自身的实践相结合，并在实践总结的基础上不断变化和完善个人的知识体系，即通过"行动中的反思"（reflection in action）形成"行动中的理论"（theory in action）。其核心是实践与反思的交替进行，并以理论知识与经验知识共同为其提供依据，最终促成和导致教师专业能力的发展。反思性模式鼓励教师反思自己的教学，在教学实践中验证他人的发现，形成自己的信念。

反思性模式的产生是由于教育实践活动的特点所决定的。教育实践和教育情境具有生成性的特点，无固定的模式和技能技巧可以套用，所以，教师必须凭借自己对教育教学的理解和领悟，对灵活多变的情境创造性地做出自主判断和选择。因此，在长期的实践中积累起来的、在"行动中反思"得来的缄默知识是教师发展的基础。

在外语教学领域，间接获得的理论知识一般包括英语历史、语言学、学习心理学、心理语言学、社会语言学、教育管理与行政、英语教学法等。由实践产生的反思和由反思推进的实践的不断循环成为语言教师专业能力发展的动力源。外语教师专业教育/发展的反思模式如图6.3所示：

根据这一模式，间接获得的知识与经验性知识共同成为教师实践与反思的源泉，是教学实践和反思的核心和理论基础，也是教师自我发展的基础。实践与反思循环周期是一个对专业知识和经验知识不断反思的实践过程。通过不断地反思和实践这个循环过程，以达到理想专业能力的形成，即教师经过不断反思的过程最终实现了专业能力的养成和提高。反思教学能力表现为教师的教学推理（pedagogical reasoning）与课堂互动中的应变决策（interactive decision-making）。

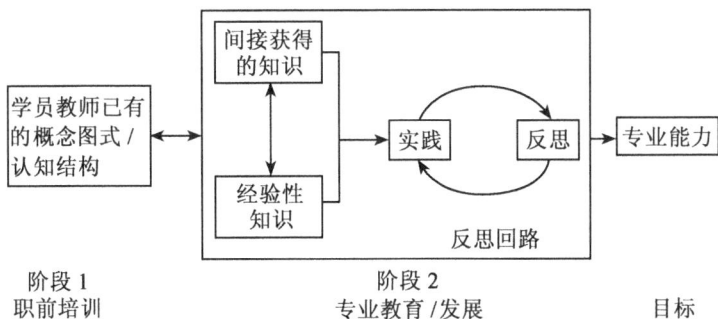

图 6.3　专业教育/发展的反思实践模式（Wallace，1991）

反思性教学模式注重教师实际教学能力的培养，在实践中体现外语教学理论和方法。反思性教学模式不仅关注相关教育心理学理论和语言学理论的传授，而且还关注教师的内在感受和自主建构。通过教师自身的内在体验，这些客观知识被自主建构为教师自身的"个人知识"，这样的知识才真正具有内在的价值。只有教师亲历实践，在实践中运用知识，通过反思和研究，才能更好地理解和掌握知识，最终促进教师专业发展。

Richards 和 Nunan（2000）认为，反思性教学的实施需要教师具备以下各项能力与理念：

（1）使用目的语的能力：①听、说、读、写等各项能力；②关于语言、语言的使用、文化以及它们相互之间关系的知识。

（2）对于目的语如何教的理解：①关于如何教任何一门科目的理论和实践的基础知识；②关于如何通过学校教育传授与学习语言的理论和实践的基础知识。

（3）在教学环境下学科知识和教学知识的运用实践：①计划如何以综合方式进行语言、语言使用以及文化教学；②培养如何以其他方式进行语言、语言使用、文化教学；③如何以综合方式开展语言、语言使用以及文化教学的实践。

（4）将教学过程视为一种将艺术与技巧有机融合的机会：

①观察同行教师如何教学；②在一个将实践和错误作为标准并鼓励和期待冒险的环境下，对所观察到的现象加以讨论；③联系教学实践，对关于语言、文化、教学以及语言教学的理论观点加以讨论；④联系教学实践，对某个学校的教学氛围与文化用于个体学习者或某一组学习者；⑤在检验和讨论之后，提供重新计划、重新教学和重新评估课堂的机会。

（5）对教学的评估：①检验对某个学校、个体学习者和学习小组的教学策略所持的观点是否正确；②对学习者学习和使用目的语所采用的现有工具的知识和使用加以评估；③评估对检验教学效果的数种方式所具有的知识和使用；④在某个特定的学校环境下，评估对检验教学效果的数种方式所具有的知识和使用。

Richards 和 Lockhart（2000）认为，语言教师的任何一项教学活动都反映出他们对语言及对语言教学的认识，反思性教学就是教师对课堂上所发生的事情加以注意，通过教学日记、问卷调查、座谈、录音或录像、听课等研究方式，研究思考自己的教学行为，从而加深对外语教学的认识和理解。反思性教学是教师对教学实践中所出现的问题进行内省和思考的过程，它力求找到一种解决问题的方法和策略，以达到教师自我发展的目的。因此，反思性教学是教师自我发展的有效途径。

第四节　教师成长目标

一、教学专长

专长是具有领域专长的人，是在特定领域具有专业知识和能力的人，他们能够有效地思考和解决该领域的问题，从而表现出良好的专业行为。认知心理学采用"新手—专家"的研究范式来探讨专长的核心——认知过程与心理结构，研究步骤：（1）选择特定领域的专家和新手；（2）给专家和新手呈现一组相同的任务；（3）比较专家和新手是如何完成任务的。

教师是履行教育教学职责的专业人员，专家型教师就是具有某种教学专长的人。在新教师向专家型教师转化的过程中，教学专长是关键。教学专长通过教师的教学行为，最终影响学生的学习行为。

1. 教学专长概述

教学专长是教师在教学过程中所表现出来的一种有效解决问题的能力，是熟练地运用教学策略和教育智慧的优秀的专业行为。

大量的教学实践经验是教学专长形成的必要条件。专家型教师的教学专长决定了他们出色的教学行为，专家型教师的教学专长主要表现在专业知识、专业技能等方面。首先，专家型教师具有较强的理解分析能力和丰富的专业知识，专业知识在教学实践中不断得到完善。其次，专家型教师具有较强的专业技能，有洞察问题和即时决策的能力，有充分驾驭课堂和灵活应变的教学行为。

Glaser（1990）和 Berliner（1994）综合了教师教学专长的理论与实证性研究，将专家型教师教学专长的特点归纳如下：

（1）专家型教师的教学专长是经过长期教学实践而获得的，获得的专长是不断发展的。

（2）与其他职业专长的发展一样，专家型教师的教学专长的发展也是非线性的。在不同的发展阶段，教学专长的发展速度也有所不同。

（3）与新手相比，专家型教师的知识和经验更具有实践性和实用性。

（4）专家型教师与新手在对问题的表征上有本质区别，专家对问题的表征更深入、更接近本质。

（5）专家型教师对熟悉的教学情境的观察与判断比新手要快，具有直觉性的特点。

（6）专家型教师在解决问题时更具有灵活性，他们是机遇的策划者，能够迅速地转变看问题的角度。而新手在观察和处理问题时具有刻板性。

（7）专家型教师在从事教学活动时，需要对学生的个体情况（能力、知识背景、个性等）有充分的了解，以便因材施教。

（8）专家型教师在教学活动方面的认知技能达到了自动化的水平，因此他们在处理教学情境中的问题时，能够将更多的认知资源分配到其他的重要任务上。

（9）在教学活动的过程中，专家型教师逐渐形成了完善的自我监控和调节机制，因此，能够对遇到的问题进行灵活、合理、有效地处理。

2. 教学专长的分类

不同的专家学者对教学专长做出了不同的分类。Berliner（1994）将教学专长分为四类：

（1）学科专长（subject matter expertise）：不仅指特定内容的知识，还指优化教学所需的知识结构；

（2）课堂管理专长（classroom management expertise）：指支持有效教学和有效学习的条件，包括课堂中高水平任务的指向行为，预防和迅速消除课堂不良行为，创造良好的课堂气氛而采取的教学行为；

（3）教学专长（instructional expertise）：指为了完成教学目标，教师具有的关于教学策略与教学方法的内隐知识和外显知识的总和，包括计划、监控、控制、评价和应变能力；

（4）诊断专长（diagnostic expertise）：指获得有关全部学生和个别学生知识的方法。

Berliner 认为，教师的教学能力并不仅仅是四类专长的综合运用，还与教师的人格特征、动机、价值观和情感因素密切相关。

根据认知心理学对知识的表征，Gagné（1993）也相应地把专家型教师的教学专长分为三类：

（1）概念性知识（conceptual knowledge）：包括学科内容知识、学生知识、教学知识和教学情境的知识。

（2）基本技能（basic skills）：指课堂教学步骤的固定模式，也称为教学常规，如课堂管理和作业检查等教学法知识。

（3）教学策略知识（strategic knowledge）：指教师有效地计划教学、进行课堂教学和评估教学效果时采用的方法与策略，如教学计划、教学反馈等。

Gagné 认为上述三种知识是相互联系的，专家型教师同时拥有这三类知识。他们的概念性知识是高度组织化的和精细化的，基本技能是自动化的，教学策略是灵活多变的。

Shavelson（1986）认为专家教师一节课所需要的知识主要是行动日程（agenda）与教学策略。行动日程主要包括：（1）脚本，即教学常规。它是贯穿整个教学过程的线索。（2）情境（scene），是关于学生和（或）教师参与教学活动的各种图式，如群体教学、小组讨论、练习等。（3）命题网络（propositional structure）。主要包括学科知识、学生知识和教学策略。行动日程与教学计划有许多相同之处。

3. 教学专长的发展阶段

Berliner（1994）认为不同阶段的教师的教学专长存在着差异，从新手教师到专家的过程存在着五个阶段：

（1）新手阶段（novice stage）：指新入职的教师。他们主要学习一些概念性的知识，如教学原理、教材内容知识和教学方法等，并同时获得初步的教学经验。

（2）高级新手阶段（advanced beginner stage）：指有两三年教龄的教师。他们的概念性知识开始与教学经验相融合，教学事件开始与相对应的知识相结合，但该阶段教师的教学行为仍带有很大的偶然性和盲目性。

（3）胜任阶段（competent stage）：指能完全胜任教学的教师。他们能有意识地选择要做的事，能确定课堂中教学事件的主次之分，但教学技能仍然达不到流畅和变通的水平。

（4）熟练阶段（proficient stage）：该阶段的教师对课堂教学情境有着敏锐的观察力，形成了一定的教学模式，能根据课堂教学进程和学生学习的反馈及时调整自己的教学计划和教学活动。

（5）专家阶段（expert stage）：专家型教师能根据教学情境的复杂程度，采取不同的教学处理方式灵活应对。

Glaser（1990）把教学专长的发展分为三个阶段：

（1）外在支持阶段（external supported stage）：指新入职的教师。新教师在入职后将面临一系列教学实践问题，迫切需要学习教学技能。教师的个人兴趣和动机影响新教师技能的获得，环境因素同样也影响新教师技能的获得，因此，学校应该形成学习共同体，为新教师提供支架式（scaffolding）的支持。

（2）转变阶段（transitional stage）：指教龄两至三年的教师。他们的自我监控技能与自我调节技能得到逐步发展，教学技能越来越符合标准化。学校可以逐渐减少对该阶段教师的支架式支持，为他们提供更多的指导性建议。

（3）自我调节阶段（self-regulatory stage）：指专家型教师。专家型教师不仅掌握了娴熟的教学技能，而且还拥有高度发展的自我监控技能与自我调节技能。在促进专家型教师的发展上，学校应该更多地为他们创造学习和练习的条件。

Alexander（2003）也将教学专长分为三个阶段：

（1）适应阶段（acclimation）：主要指新教师专长发展的最初阶段。在这个阶段，新教师面临的是复杂的、陌生的教学领域。新教师的各种知识之间缺乏有机联系，他们很难分辨各种知识情境，因此，他们只能运用表层加工策略，如模仿，去解决教学中存在的问题。在这个阶段，情境兴趣在促进新教师的发展方面起着非常重要的作用。

（2）胜任阶段（competence）：主要指胜任型教师专长的转变阶段。在这个阶段，教师的知识出现了质和量的变化，不仅表现出拥有更多的领域知识，而且有着更为紧凑、更多联系的主题知识。这个阶段的教师不仅运用表层加工策略，还能运用深加工策略去解决教学问题。处在这个阶段的教师发展，情境兴趣的影响逐渐减弱，而个人兴趣的影响逐渐增强。

（3）专长阶段（proficient/expertise）：Alexander 认为，在前面两个阶段，任一个影响因素都能促进教师的发展，但在专长阶段，必须要有这些因素协同作用，共同促进专长的发展。在这个阶段，教师不仅有渊博的教学领域知识、深厚的教学主题知识，而且还能够提出新的知识。为了提出新的知识，专家教师积极从事研究，不断思考教学中存在的各种问题。对专家教师的教学领域内探究产生重大影响的是个人兴趣，而不是情境兴趣。

4. 教学专长的提高

教师可以通过以下途径来提高自己的教学专长：

（1）制定切实可行的教学计划

教师在制定教学计划时，要认真研究教学大纲，明确教学目的，有效组织教学内容，保证教学方法的新颖性和创造性，保证教学活动既符合学生的知识水平和能力，又能吸引他们的学习兴趣。在计划制定中，教师不仅要提取相关的学科知识、学科教学知识、学生知识，还要考虑教学内容、班级情况及学生特点等，能有效地促进教师实践经验与已有知识的整合。

（2）适时进行教学评价和反思

教学评价和反思是对整个教学过程的评价和反思，包括教学计划的评价和反思，主要反思教学目标的设定、教学内容的选取和把握、材料的恰当性等；教学实施过程的评价和反思，主要反思自己的教学行为、学生的学习行为、学生的学习结果等。通过教学评价和反思，教师能找出自己在知识、技能等方面存在的不足，加强学习，不断提高。同时，教学评估和反思也能增进教师对学生的认识、学生学习的认识，改进自己的教学。

（3）依托教师共同体进行合作式学习

教师共同体指以不断提高教学质量、提升教师个人专业技能为目的的同事合作小组，成员之间相互信赖，不仅关注个人观点，且享有共同兴趣，共同参与学习和研究。教师学习共同体的形成过程需要一定的时间。教师学习共同体的建构过程包括个人知识的加工、观点的描述等；成员之间的商讨，相互交换意见，共同形成一种完整理念；冲突，即对认识的合理化等。教师学习共同体形成之后，教师可以通过讨论教学问题来实现个人的专业知识的提高和充实，从而提高自己的教学专长。

二、教师成长的机制与目标

1. 教师成长的机制

教师的成长过程是教师在不断学习、实践、创造的基础上，充分利用外部条件和资源，不断提高自己从事教育教学所需要的各种素质，完善自身素质结构的过程。

（1）教师的成长过程是教师敬业精神形成并发挥作用的过程

教师成长需要一个动力系统，没有动力系统是难以持续发展的。教师成长的动力系统由诸多因素构成，如思想品德、兴趣爱好、身心状态等，但最核心的动力来自教师的敬业精神。

（2）教师的成长过程是教师教育教学素质不断提高的过程

教师的成长过程取决于素质的提高。教师素质的提高由以下几个方面体现出来：一般文化素质与教育教学素质，书本知识与实际知识，教育教学基本功与创造性教育工作素质，思想素质与教育教学业务素质等。

（3）教师的成长过程是一个不断学习、不断实践、不断创造的过程

教师的成长过程要求教师不断学习、不断实践和不断创造。教师不断学习主要是提高他们的理论水平，教学实践主要是提高他们教育教学的实践能力，创造主要是提高他们的创造性素质，促使他们取得创造性成就。

（4）教师的成长过程是教师利用外部资源和条件进行积累的过程

教师的成长需要他们不断学习、不断实践、不断创造，同时也取决于他们的生活环境和外部条件。影响他们成长的主要环境

因素：家庭环境和所受教育程度、学校工作条件、社会背景、机遇因素等。

（5）教师的成长过程是一个不断由目标到反馈的自我监控过程

自我监控是某一客观事物为了达到预定的目标，将自身进行的活动过程作为对象，不断对其进行积极的计划、监察、检查、评价、反馈、控制和调节。优秀教师的成长，在于他们非常重视确定目标，同时，他们还非常重视反馈调节环节。

2. 教师成长的目标

研究者认为，教师成长的目标是成为专家型教师，教师的成长过程是一个由新手（novice teacher）到熟手（proficient teacher），再向专家型教师（expert teacher）发展的过程。

Berliner（1995）从课堂教学解决问题的角度总结了专家型教师的特点：教学专长的形成需要一定的教学情境、时间和教学经验；自动化水平高；关注教学情境；灵活应变能力；创造性地解决问题；能够对课堂教学事件进行合理的、一致的解释；审慎地解决问题的方式。

Sternberg（1999，引自陈琦等，2007）把专家型教师称为有教学专长（expertise）的教师。他们具有以下特征：

（1）将更多的知识运用于教学问题的解决。这些知识包括所教学科的内容知识、一般教学法知识、与具体教学内容有关的教学法知识以及教学得以发生的社会和政治背景知识。

（2）解决教学问题的效率高。他们能在较短的时间内完成更多的工作，或者只需较少的努力。程序化的技能使他们能将注意力集中于教学领域高水平的推理和问题解决上。

（3）富有洞察力。他们能够鉴别出有助于问题解决的信息，并有效地将这些信息联系起来。他们能够通过注意，找出相似性及运用类推来重新建构问题的表征。

Gagné（1985）对新手型和专家型教师教学行为方面的差异进行了总结，发现新手与专家在课前计划、课堂教学过程和课后评价三个方面都存在着明显的不同。

（1）课前计划的差异：与新教师相比，专家的课时计划更简洁、灵活，并以学生为中心，具有预见性。

（2）课堂过程的差异：专家教师制定的课堂规则明确，并能坚持执行，而新教师的课堂规则较为含糊，不能坚持执行下去；专家教师有一套维持学生注意力的方法，新教师则相对缺乏这些方法；专家教师在教学时注重回顾先前知识，并能根据教学内容选择适当的教学方法，新教师则不能；专家教师将练习看做是检查学生学习的手段，新教师仅仅将它当做教学的必经步骤；专家教师有一套检查学生家庭作业的规范化、自动化的常规程序；专家教师具有丰富的教学策略，并能灵活运用，新教师或者缺乏、或者不会运用教学策略。

（3）课后评价的差异：在课后评价时，专家教师和新教师关注的焦点不同。新教师更多地关注课堂中发生的细节，如教学内容是否讲解清楚、板书情况、学生参与课堂活动状况等，而专家教师则关注学生对新材料的理解情况，关注那些对完成教学目标有影响的活动。

连榕（2004）对新手型、熟手型和专家型教师的心理特征进行了比较，发现在教学策略、成就目标、人格特征上，专家型教师均优于熟手型教师，而熟手型教师又优于新手型教师；在职业承诺和职业倦怠上，专家型教师均优于熟手型教师和新手型教师，而熟手型教师与新手型教师不存在差异。表 6.2 是对新手型、熟手型、专家型教师成长的心理比较。

表 6.2　　新手—熟手—专家型教师成长心理的比较

	新手型教师	熟手型教师	专家型教师
教学策略	以课前准备为中心	课中教学操作熟练	以课前的计划、课中的灵活、课后的反思为核心

续表

	新手型教师	熟手型教师	专家型教师
人格特征	活泼、热情、外向	随和、能关心他人、乐群、宽容	情绪稳定、善于自我调节、理智、重实际、自信和批判性强
工作动机	以绩效目标为主	开始以任务目标为主	内部动机强烈且稳定
职业承诺、职业倦怠	承诺低而倦怠较高	承诺低而倦怠较高	职业的情感投入程度高，师生互动好，职业的义务感、责任感、成就感强
情境心理	能感受到支持，有满意感，心理契约和主观幸福感较高	支持感和满意感不高，心理契约和主观幸福感较低	支持感和满意感强，心理契约和主观幸福感高

俞国良（1999）、罗晓路（2000）等采用"新手—专家"的范式对新手型教师和专家型教师的教学效能感和教学监控能力进行了研究，他们发现：

在教学效能感方面：专家型教师的总体教学效能感水平、个人教学效能感水平都显著高于新手型教师，而新手型教师的一般教学效能感水平高于专家型教师。在教学效能感与教学行为的关系上，专家型教师和新手型教师的个人效能感都与教学行为的各个方面存在显著的正相关，而专家型教师的一般教学效能感与他们的教学行为存在相关关系，表明个人教学效能感的高低对教师教学行为具有直接的决定作用。

在教学监控能力方面：专家型教师的教学监控能力显著高于新手型教师，具体表现在监控能力的四个维度——计划与准备性、调节与控制性、评价与反馈性、课后反省性和教学监控能力总分上。同时发现，专家型教师教学效能越高，教学监控能力也越强，且个人教学效能感的高低对教师教学监控能力有预测力。

总之，专家型教师的总体特征：（1）有强烈的成就动机，热爱教育工作，对社会的发展以及学生的终身发展有较多的责任感，希望对教育事业做出较大的成就。（2）在人格特征上，他们是正直、诚实、有责任感的人，他们能够以较高的标准要求和约束自己，反省自己，他们对学生关心、亲近、和蔼、公正。（3）在业务能力上，他们善于学习，勤于实践，有比较丰富的知识，有正确的教育观念和教育思想，对教育的功能和规律有比较深刻的认识和把握，有丰富的教学经验和熟练的教学技能，能够自如、同时又有创造性地处理和解决问题，能够取得满意的教育效果。

在教师发展过程中，教师的专业发展需要和专业发展意识至关重要，是教师专业发展的内在主观动力。只有当教师有了这种意识，他才可能有意识地去寻找学习机会，才可能明确自己到底需要什么、今后朝什么方向以及如何发展等，才可能成为一个自我引导学习者（self-directed learner）。

教师的职业生涯发展与其他职业的生涯发展不同之处在于：其他职业生涯发展的影响相对较少，而教师职业生涯发展的影响较大，主要表现在对学生人格养成、学业成就的影响。Perry 认为，"教师专业发展意味着教师个人在专业生活中的成长，包括自信心的增强、技能的提高、所教学科知识的不断更新、拓宽和深化，以及对自己在课堂上为何这样做的原因意识的强化。就其最积极意义上来说，教师专业发展包含着更多的内容，它意味着教师已经成长为一个超出技能的范围而有艺术化的表现：成为一个把工作提升为专业的人；把专业知能转化为权威的人"（1980：143）。因此，作为教师，必须不断地增强和拓展专业素质、专业能力和专业知识，使自己能灵活地运用最适当的教材、教法，让学生获得最佳的学习效果。

第五节　外语教师专业研究能力

一、外语教师专业研究能力现状

伴随着改革开放和现代化进程的加快发展，我国进入了转型时期。教育的发展和变革成为国家事业中的一项中心任务，教师发展和角色转变成为时代和社会发展的必然要求。在这种背景下，未来教师职业特点会发生以下变化（申继亮，2006）：

（1）教师的职能从传统的教书匠变为学习的引导者，同时，教师自身也必须是学习型的人。

（2）教师成为学生心理健康的维护者和学生的心理教育者。

（3）新型的教师应该是行动研究者。教师以教学实践场景为研究场所，以教育教学实践中遇到的实际问题为研究对象，强调研究活动和教育活动的统一。

（4）未来教师是教育创新者。

"教师成为研究者"的观点最早由英国课程专家 Sternhouse（1975）提出。Sternhouse 认为，教师是教室的负责人，是检验教育理论的理想实验师。教育科学的理想：每一个课堂是实验室，每一名教师都是科学共同体的成员。教师自主发展的有效途径：教师成为研究者。20 世纪 80 年代以来，"教师成为研究者"的观念已逐渐深入人心。教师要有能力对自己的教育行为进行反思、研究和改进，并提出改进建议。教师的教育研究能力已经成为教师是否专业的判断标准。

然而，长期以来，外语教师专业研究能力不强，科学研究的实际情况不乐观。形成这样的局面有主观、客观两方面的原因，例如，外语教师队伍数量严重不足、工作负荷量大。除此之外，长期以来科学研究被蒙上了一层神秘的面纱，外语教师普遍认为科学研究不是自己分内的事情，自己的任务就是把课堂教学搞好。虽然许多教师长期工作在教学第一线，有着丰富的教学经验，但由于缺乏理论知识和科研方法，写论文只会谈体会、谈经验，难以将经验升华。近年来，随着教育教学改革的深入，学术交流的增多，越来越多的外语教师认识到了外语科研的重要性，逐渐有了做科研的意识，但由于缺乏相关的、系统的知识培训，没有掌握正确的科研方法，不知道外语科研从何入手。

二、外语教师如何做科学研究

中小学外语教师的科研不同于专家学者的理论研究，是一种应用研究、行动研究、微观研究，研究的重点是课堂教学改革，研究的核心是课堂教学的优化和课堂教学效率的提高。中小学教师应该确立自身应当而且有能力搞教育科研的观念（申继亮，2006）。中小学教师参与教育、教学实践，如果能勤于思考，就能发现当今时代有研究意义的教育科研课题。优秀教师善于面对复杂的教育现象，有意识地进行观察、分析、思考，在不断探索中寻找规律、发现新知，以改进工作。以下将为外语教师具体介绍一些做科研的步骤：

1. 研究及其相关属性

（1）研究的定义和分类

研究是一个系统的寻求解决问题方法的过程。从类别上来讲，研究通常分为两大类，即定性研究和定量研究。无论是认识论还是方法论层面，定性研究和定量研究都有着本质的不同，即对问题研究切入的视角、研究设计、数据收集方法、数据分析和解读都有所不同。定性研究是根据社会现象或事物所具有的属性和在运动中的矛盾变化，从事物的内在规定性来研究事物的方法，强调研究对象是研究者的主观认识与界定。在外语研究中，定性研究主要有访谈、课堂观察、日记（教学日记和学习日记）等方法。定量研究是确定事物某方面量的规定性的研究方法，通过对研究对象的特征按某种标准进行量的比较来测定对象特征数值，或求出某些因素间的量的变化规律。在外语研究中，定量研究主要有实验、问卷调查、描述性研究等。

（2）研究的属性

研究的属性主要有归纳性论证（inductive reasoning）、演绎性论证（deductive reasoning）、信度（reliability）、效度（validity）等。

定性研究和定量研究反映了两种不同的思维方式。定性研究以归纳性思维为主，是从个别到一般（from specific to general）的思维过程。当研究者发现某一个群体中一两个，乃至多个个体具有同一种特征时，就可以形成如下假设：这个群体都具有这种特征。定性研究以观察材料为出发点，研究者事先对实验对象没有形成任何看法，具有描述性特征，研究成果是描述或假设，不是结论。课堂观察，田野工作等是比较典型的定性研究。

定量研究以演绎性思维为主，是从一般到个别（from general to specific）的思维过程，也就是说，研究者在对某一群体做出一般性描述或假设之后，还要通过具体的实例（个体）来验证这个假设是否成立。定量研究以假设为出发点，研究者事先对实验对象有预测，具有验证性，研究成果是结论。教学实验、调查等是比较典型的定量研究。

信度和效度是研究的两个重要属性，同时也是衡量和评价研究的重要标准。信度是指研究方法、程序（步骤）、结果的可重复性，可分为内在信度（internal reliability）和外在信度（external reliability）。内在信度是指在同样的条件下，数据收集、分析和解释能在多大程度上保持一致。外在信度指不同的研究者在相同或相似的背景下重复研究以及研究结果的一致性。一般来讲，定量研究经过严格控制变量和实验条件，研究结果具有可复制性，因此，定量研究具有较高的信度。

效度指某一个研究揭示事物规律的真实程度。它直接反映研究目的的实现程度，是评价研究及其结论的最根本的尺度之一。效度分为内在效度（internal validity）和外在效度（external validity）。内在效度指研究结果能被解释的程度，而外在效度指研究结果能被推广到其他条件、时间和背景中的程度。一般来讲，定性研究具有较强的主观性，研究结果不易复制和推广，信度较低，但它能较深入地探讨和挖掘事物的内在规律，因此，定性研究效度较高。

2. 研究步骤和方法

研究是一个系统的、由多个步骤构成的过程。无论是定性研究还是定量研究，一般来说，研究由七个步骤组成。外语研究也不例外，它们分别是确定选题（choosing topics）、形成研究问题（focusing research questions）、文献综述（reviewing literature）、研究设计（designing research）、收集数据（collecting data）、分析和解读数据（analyzing and interpreting data）、通报研究成果（informing others）。以下将对科研步骤逐一进行解析。

（1）确定选题

选题往往是研究者根据自身的兴趣或研究的需要而定，也可根据所占有的文献资料的质和量来确定，既不能太大，也不能太小。选题过大，可能会由于研究者自身的知识结构、时间、精力等因素而难以驾驭；选题太小，难以发现各事物之间的有机联系。另外，选题要有研究意义，研究结果应该对某一研究领域现有的研究成果有所补充，要对学术界有所贡献。

很多时候，选题来自教学实践，教学是刺激思维、激发灵感、产生问题的重要途径，是科学研究的重要源泉。课堂教学与科学研究不是彼此分割、彼此对立的，而是相互联系、相互促进的，因此，我们不能在教学与科研之间人为地画上一条分水岭。

中小学教师的教育研究应该围绕自己的实际工作中存在的问题展开，研究课题的确定应该符合以下原则：①选题必须有价值。价值的判断标准包括是否符合社会发展、教育事业发展的需要，是否有利于提高教育质量，促进青少年的全面发展等。②选题必须有现实性。选题的现实性集中表现为选定的问题具有科学性，指导思想及目的明确。③选题必须具体明确。选定的问题一定是具体的、界限清晰的、范围不宜过大或太笼统。④选题必须有创新性。要选择新的理论和现实意义的课题，在研究中可以采用他人没有使用过的研究方法。⑤选题必须具有可行性。研究的可行性指问题是能被研究的，必须同时具备主观条件和客观条件，能使课题得以顺利开展（裴娣娜，1995）。

中小学教师研究课题主要来自以下几个方面：①从教学实践中提出的实际问题。②从日常观察中发现问题。教学情境是教师感受、生发教育理念、提升教育智慧的场所，教师可以在语言交流、课堂、学生等教学情境中引发思考，确定选题。③从学校发展和学科建设中寻找课题。

Burns（1999，引自邹为诚等，2008）提出了一些可供中小学英语教师参考的研究课题：

① My students don't seem to concentrate well in class and are making slow progress. What physical or emotional problems are affecting their ability to learn English?

② I'm teaching a very diverse group of students with different levels of proficiency. This seems to be a problem to me, but what are my students' perceptions about being in this class?

③ My classes feel chaotic and disorganized because of different language learning needs. How should I select sequence common materials and activities in order not to disadvantage individual learners?

④ I have found a course book which I like to use with my beginner learners. How can I personalize the tasks in it so that they are more interesting and relevant to them?

⑤ My students don't seem to use English outside the classroom. What tasks can I develop to raise their awareness about the importance of practicing in real-life situations?

⑥ My students seem hostile towards each other. Why is this happening? Are cultural factors having an influence here?

⑦ I want to offer tutorial assistance in grammar for students with limited formal education backgrounds. What grammar items should I select and what kinds of grammatical terms should I introduce?

⑧ My students say they want to improve their writing. What are their perceptions about their needs and the progress they are making in writing?

⑨ I've just read an article that suggested that speaking often involves using set "formulas" or "chunks" of language. What kinds of chunks do my students use on a set task and can I exploit this idea in teaching speaking?

⑩ I have heard about using portfolios of students' writing to assess their progress. How can portfolios also be used for self-assessment by my students?

在选题过程中，常常会出现的问题：

选题太大，过于空泛。我们经常看到有这样的选题，例如，"外语课程体系建设"，"外语教育改革"等，这样的选题包含的内容很多，往往需要一个团队共同协作、共同完成，不是一个研究者能够独立解决的问题，也不是一篇论文能够说明和涵盖的。一个好的研究应该是"小题大做"，从"小"入手，由表及里，深入探讨和挖掘，才能获得有意义的结果。

研究方向缺乏稳定性和一致性。有的教师科研论文选题涉及的领域很多、很杂，研究内容五花八门。研究方向不稳定浪费了教师自身大量的时间去了解和熟悉不同的领域，不利于对某一领域问题进行深入、细致的研究。写文章、做课题要从某一个领域的某一个"点"（研究问题）开始，随着时间的推移、研究的深入，"点"会逐渐增多，"点"多了自然就会连成"面"，这样，研究者就能触类旁通，融会贯通，做到纲举目张，找出不同的"点"之间的有机联系，形成稳定的研究方向，同时，也能为后续研究打下坚实的基础。

（2）形成研究问题

研究问题是研究的中心和焦点，没有问题的研究不称其为研究。选题确定之后，要对选题加以细化，形成研究问题，才使研究具有可操作性。例如，当确定研究学生的情感因素对英语学习的影响之后，接下来要细化到某一个（或几个）情感因素，如动机、焦虑等，具体研究问题可以是："学生的英语学习动机现状如何？""学生的动机水平与英语学习成效之间存在着什么关系？"

研究的主要特点之一是探索性，因此研究问题不应有任何导向性。我们常常发现有的论文中的研究问题带有明显的导向性，例如，"学生的动机水平与英语学习成效的相关性如何？"。其实，在开展研究之前，人们（包括研究者）并不知道"动机水平"和"学习成效"两者之间存在着什么关系，它们可能是相关关系，也可能是因果关系或者其他什么关系。

研究问题确定之后，可以在此基础上形成研究假设（research hypothesis）。研究假设具有一定的推测性，必须至少包括两个变量，说明两个（或两个以上）变量之间的关系。假设分为定向假设（directional hypothesis）和非定向假设（nondirectional hypothesis）。定向假设表明研究结果有一定的趋向，例如，"如果学生的学习动机水平高，那么他的英语学习就好"。或者"如果学生的学习动机水平高，那么他的英语学习就差"。非定向假设不显示趋向，例如，"学生的动机与他的英语学习成效之间没有关系"。研究假设的提出虽然有一定的依据，但它们只是研究者的主观判断，可能被证实，也可能被推翻，也可能部分被证实或部分被推翻。

（3）文献综述

文献综述是研究的一个重要组成部分。文献综述是文献综合评述的简称，指在全面收集、阅读大量研究文献的基础上，经过归纳整理、分析鉴别，对所研究的问题在一定时期内取得的前期研究成果、存在的问题以及新的发展趋势等进行系统、全面的叙述和评论。文献综述是一切研究的基础，文献综述在论文写作中占据着重要的地位，文献综述的好坏直接关系到论文的成功与否。同时，文献综述质量的好坏与研究者的研究能力息息相关。

通过文献综述，读者可以了解到作者熟知某一研究领域的主要问题，使读者对作者的研究能力、研究背景产生兴趣和信心，从而促使读者尽快阅读该研究论文。

一篇好的文献综述要有综合性，研究者应该广泛阅读相关文献，对文献中的数据、研究方法、研究结果等进行梳理和整合，而不是将所有研究进行罗列和堆砌。一篇好的文献综述要有评价性，批判性地分析以往的研究设计和研究发现，找出其中不足的地方，肯定值得借鉴的地方。

以下是两篇对相同文献的综述（Nueman，1994，引自张庆宗，2008），试作一比较：

综述 1

Smith（1990）conducted an experiment on fear and self-esteem with 150 undergraduates. In the study he tested subject self-esteem and then exposed subjects one at a time to a fear-inducing situation. He found that those with lower self-esteem felt greater fear. Jones and Jones（1982）surveyed elderly residents. The respondents who had the greatest independence, self-esteem, and physical health, had the lowest degree of fear of being the victim of crime. In a study of college women, Rosenberg（1979）found that the greater independence one felt, the less the fear of being left alone in a darkened room. DeSallo's study（1984）of 45 college males found that those who had the greatest self-esteem felt the least degree of failure. Yu（1988）found the same for college females. Hong（1980）conducted a telephone survey of 200 welfare recipients and found no relationship between feelings of independence and fear of crime.

综述 2

People with greater self-esteem appear to be less fearful. Laboratory studies with college students（DeSallo，1984；Smith，1990；Yu，1988）find a strong negative relationship between self-esteem and fear. The same relationship was found in a survey of elderly people （Jones and Jones，1982）. Only one study contradicted this finding (Johnson，1985). The contradictory finding may be due to the population used (prison inmates). In general，it appears that self-esteem and fear are negatively related. <u>Self-esteem is strongly related to feelings of independence （see Gomez，1977；Zarnoth，1985），and independence was found to decrease feelings of fear of crime （Jones，1982；Rosenberg，1979）</u>. Only Hong （1980）did not find a significant relation between independence and fear of crime. It was the only stud that studied welfare recipients.

从以上两个例子可以看出，综述 2 明显比综述 1 要好。综述 1 尽管文字表达比较清晰、流畅，但它仅仅只是将相关文献进行简单地罗列和排序，也没有对这些文献进行评价。而综述 2 有机地整合了相关文献，中心意思明确，文字简洁。主题句（画线句子）提纲挈领，分别整合了自尊与恐惧、自尊与独立性关系的研究，同时，对文献进行了客观的评价，使读者对所综述的文献有一个直观、清晰的认识。

（4）研究设计

研究设计是一篇论文的方法论部分，主要包括以下几个方面的内容：

◎ 明确研究目的和选择研究对象

在做某一项研究之前，首先必须有一个明确的研究目的，有了目的，研究才有方向。在教学实践中，当我们发现学生的"学"和教师的"教"存在着一些问题之后，受问题驱使，我们就会尝试着做一些研究，试图找到解决这些问题的答案，这就是研究的目的所在。

研究目的确定之后，可以根据研究的性质来确定研究对象。在选择研究对象时，除了要考虑研究目的之外，还要考虑研究结果的概括性程度和研究的可行性因素。例如，如果是定量研究，可以通过随机抽样的方式，选取一定数量的学生，分为控制组和实验组做教学实验；也可以直接作问卷调查，这样获得的研究结果通常具有较高的信度，可以推及同类学生。如果是定性研究，可以选取少数几名学生作案例研究，作深度访谈或观察等，这样获得的研究结果具有较高的效度，但信度较低。总之，确定研究对象取决于研究的目的和研究者的主客观条件。

◎ **选择研究类型和收集数据的方法**

在开展研究之前，要选择研究类型，是定性研究还是定量研究，或者是定性、定量研究相结合。选择什么研究类型与研究问题密切相关，也与研究者的个人因素有关，总之，研究者应该根据自己的主客观条件和研究问题的要求，选择适当的研究类型。

确定研究类型之后，要选择收集数据的方法。定量研究可以采用调查、实验等方法，定性研究可采用访谈、观察、个案研究等方法。在外语研究领域，运用比较多的方法有实验、调查、访谈、课堂观察等。每一种方法都有各自的优缺点。同一研究中尽量采用多种方法收集数据——三角论证（triangulation of methods），使研究结果具有更强的说服力。

◎ **界定研究变量**

界定研究变量是操作层面的一个重要环节，但同时又是一个容易被忽视的环节。界定研究变量，赋予其操作定义，从而使研究变量变得更具体、可操作、能控制及被检验。有的作者在论文中没有对相关变量进行界定就有如下表述，例如："Good readers use more metacognitive reading strategies than poor readers"。读过以上句子之后，我们不知道"good readers"和"poor readers"分别代表什么样的群体，他们的阅读水平如何。因此，作者在研究设计中首先要对相关的变量进行界定，例如，"good readers"和

"poor readers" 在目前的研究中分别代表什么样的阅读者，在某一标准化阅读测试中处于哪一个分数段等。

◎ 选择研究材料和测量工具

在外语研究领域，人们常用的研究材料有教材、视频录像、卡片等。测量工具主要有测试、问卷、日记（教学日记和学习日记）、有声思维等。

◎ 确定研究程序

研究程序包括确定测量研究变量的方法和实施研究的步骤，研究材料的组织和呈现方式等。研究程序在研究设计中非常重要，它引导读者跟随研究步骤，明了数据的来龙去脉，知晓研究者是如何一步一步得出结论。因此，研究程序不能省略，尤其在定量研究中，研究程序使研究的可复制性成为可能。在有些研究中，我们发现没有研究程序，对于数据是如何来的，一头雾水。这不禁让人猜测：该研究到底做了没有？数据是否是杜撰出来的？

（5）收集数据

当研究设计完成之后，研究者可以运用事先确定的测量工具去收集数据。数据的具体形式主要由研究课题性质、研究类型决定，如果是定量研究，数据是数字的形式，如果是定性研究，数据则是文字的形式。有的数据可以一次性获得，如问卷调查；有的数据需要经过多次测量获得，如测量儿童在某一实验条件下的词汇习得情况等。

数据收集时需要注意的问题：测量工具要有一定的信度和效度。如果测量工具没有信度和效度，那么，所收集的数据就缺乏信度和效度。我们常发现，有的访谈问题缺乏信度和效度，具有明显的导向性，基本上是研究者想要得到什么信息，就问什么。例如，在调查学生学习动机情况时，研究者就问："在学习英语时，你有强烈的学习动机吗?"那么，学生一定会趋利避害，回答："有!"这无疑会影响数据的真实性，影响研究的信度和效度。

定量研究主要的数据收集方法：封闭式问卷调查法、测试法等，定性数据的收集方法有：访谈、观察、日志/日记、开放式问卷调查法、内省法等。以下介绍几种常用方法：问卷调查、测试、访谈、观察、日志/日记、内省法（张庆宗等，2013）。

◎ 问卷调查法

问卷是以书面形式提出问题，向被选取的调查对象了解情况或征询意见的调查方法。问卷调查可以涉及多方面的问题：背景性问题（主要是被调查者个人的基本情况）、客观性问题（是指各种行为和经历）、主观性问题（主要是被调查者的观点、情感、态度、价值观等）。问卷调查可以是开放式也可以是封闭式。在定量研究中，我们通常使用封闭式问卷调查。问卷发放的形式多样，现在常用的有直接发放、邮寄、电子邮件等。

问卷设计需要缜密的思考，以提高问卷的信度和效度。首先需要设计问题，其次需要将设计的问题进行排序，然后将问卷进行排版，写好卷首语和答题说明，最后再次对问卷进行编辑（Brown，2001）。

①设计问题

设计问题就是要设计高质量的问题，认真考虑问题的形式、意义和被试者。就问题的形式而言，题干不能太长，问题尽量简短；题干不能模棱两可；题干要完整；所有问题最好不要超过两页。问题的结构也需确定。问题的结构有两选题、多选题和分级题。就问题的意义而言，题干不能包含多层意思；题干不能具有诱导性；题干的意思不能让人感到尴尬或带有偏见；提出的问题是相关的。就被试者而言，设计问题时需要考虑被试者的语言水平、认知水平和背景情况。

②排序

将设计好的问题按照一定的顺序进行排序。排序遵循这样的原则：先易后难、先一般后具体、同一类型、同一功能、同一回答方式、同一话题的题目放在一起。这样做的目的是尽量让问卷清楚易懂。

③排版

排版需要考虑字体和各部分的安排。字号不宜太大或太小。同一问卷不宜采用多种字体和字号，最好保持一致。问卷要美观，让被调查者感到愉悦。

④总体介绍与具体说明

除了设计的问题，研究者还需要写研究的介绍与答题说明，包括卷首语、具体说明和话题介绍。卷首语向被试者说明调查的目的、意义和主要内容，填写问卷的总体说明，回复问卷的方式和时间，同时强调调查的匿名和保密原则，表示对被试者的感谢等。卷首语一般放在问卷第一页的上面，也可以单独作为封面。

每当问卷中问题类型、功能、格式或话题改变时，需要有具体说明，告诉被试者如何回复各题。特别是话题改变时，需要对新话题进行简明扼要的介绍，帮助被试者理解题意。有的问卷还有简短的结束语，再次对被试者的合作表示真诚的感谢。

⑤编辑

研究者除了自己对问卷进行修改和完善之外，还需要请同行和专家对问卷的设计提出建设性的意见，并在意见的基础上进行修改。完善后的问卷需要进行试测（piloting），以检验问卷的信度和效度。对试测的问卷进行分析可以帮助研究者进一步明确问卷的问题、结构和说明。最后，问卷进入定稿阶段。

◎ 测试法

第二语言研究中，测试法经常被用于收集数据。研究中需要使用标准化测试，以保证测试的信度和效度。第二语言研究中的标准化测试可以分为不同的种类。按用途分类，语言测试可分为四种，即水平考试，成就考试，学能考试和诊断考试。

①水平考试

水平考试考查学生的语言能力。命题不以语言课程的内容或目标为依据，它关注的是学生的语言水平，例如，TOEFL、IELTS 等都属于水平考试。

②成就考试

成就考试用来考查学生对语言课程的掌握情况。命题基于教学大纲和教学内容。期中考试、期末考试、单元测试等都属于成就考试。

③学能考试

学能考试用于预测学生学习语言的潜在能力。学能考试在学生学习语言之前进行，可以预测该学生语言学习的成功程度。目前较为常用的学能考试有 MLAT（Modern Language Aptitude Test，Carroll & Sapon，1959）和 PLAB（Pimsleur Language Aptitude Battery，Pimsleur，1966）。学能主要包括语音辨识能力、语法感知力、记忆能力和归纳能力等。

④诊断性考试

诊断性考试用于考查学生某一语言课程学习的优势和弱点，目的在于找出学生的薄弱环节，以利于教师针对问题调整和改进教学。

按考试方式分类，考试可分为分离式考试和综合式考试。

①分离式考试

在分离式考试中每个项目分别检查考生的一类语言知识或一种语言技能。它可以集中考查某一方面的语言知识，如语音、语法或词汇，也可以考查考生某一方面的语言技能，如听、说、读、写等。

②综合式考试

综合式考试的试题侧重考查学生综合使用语言的能力，如听写、完形填空、阅读理解和写作都属于综合考试的题型。

按解释分数的方法，考试可分为常模参照性考试和标准参照性考试。

①常模参照性考试

常模参照性考试用来测量整体语言能力，测试中每一位学生的分数只是一个相对成绩，该成绩是以其他学生的分数为参照的。开始之前，学生对考试的形式有所了解，但对考试的内容一无所知。

②标准参照性考试

标准参照性考试目标明确，只用来测量学生对某些特定内容的掌握情况，如教学大纲中所规定学生应达到的语言知识和语言技能就是标准。学生的成绩的解释不依赖于其他学生的成绩，主要反映学生某一课程或某一阶段语言学习的掌握情况。

◎ 访谈

访谈是社会生活中较为常见的活动，也是定性研究主要的数据收集方法之一。访谈法就是通过研究者和受访人面对面的交谈来了解受访人的心理和行为的研究方法。从访谈的结构来看，可以分为结构式访谈、半结构式访谈、非结构式访谈。无论何种访谈研究者都需要做好笔记，人的短时记忆是有限的，需要录像机、摄像机等辅助工具记录访谈过程。

结构式访谈对访谈过程高度控制，研究者按照事先设计好的访谈指南进行访谈。访谈指南的问题要具体、详尽、明确。与每一位受访者都要按照相同的顺序谈及所有问题。结构式访谈最大的优势是便于操作，研究者可以把握谈话的主题，与不同受访者之间的交谈内容具有可比性。但结构式访谈也存在不足，例如，收集的语料有限，仅限于所问的问题，受访者很难展开话题。

非结构式访谈具有很大的自由度，受访者可以围绕话题自由展开。交谈往往是自发的，发散性的，目的是创造一个轻松的交流环境。研究者无需准备详细的访谈指南，只需一些指导性的问题即可。非结构式访谈可以获得较为丰富、深入的信息，但这需要研究者与受访人建立一种和谐的关系。

半结构式访谈介于二者之间，多数应用语言学研究采用这种访谈。研究者事先设计了一系列相关的开放性的研究问题，在交谈过程中，受访人可以围绕话题畅所欲言。研究者在访谈中扮演听话人和引导者的角色。

从时间上来看，访谈可分为一次性访谈和多次性访谈。顾名思义，一次性访谈只要进行一次即可，时间介于 30~60 分钟。多次性访谈可以分多次进行，如深度访谈，也称为现象学访谈。现象学访谈可以通过了解人们行为发生的语境，进而理解该行为的意义。深度访谈的一个基本设想就是个人经历的意义影响他们的行为方式（Seidman，2006）。深度访谈是研究者与受访者面对面、一对一的交谈。因为深度访谈需要深入了解个人生活经历，研究者更需要与受访者建立良好的关系，甚至成为朋友。深度访谈可以分为三步走，每一次访谈持续 90 分钟，两次访谈之间间隔3~7天。第一步：访谈侧重于受访者到访谈为止的生活经历。受访者尽量提供较多的细节。第二步：访谈集中于受访者现在的生活经历。第三步：受访者谈论自己的生活经历所蕴含的意义。例如，当人们运用深度访谈调查教师语言教学观念时，可以遵循以下步骤：第一步，教师讲述自己的语言教学经历。第二步，教师目前的语言教学情况，成就与挫折、困惑等。第三步，教师反思这些教学经历是如何受教学观念影响的。

◎ **观察法**

观察法是研究者根据研究提纲或观察表直接观察研究对象，从而获取深度信息的有效方法。在第二语言研究中，我们可以用观察法来研究外语课堂内语言的使用情况、互动等其他教学活动。为了记录所观察现象的细节，研究者可以用录音机、录像机等设备来辅助观察。常见的观察方法：核对清单法（checklists）、级别量表法（rating scale）、记叙性描述（narrative description）。

核对清单法指的是研究者预先设计好观察点，观察时一一核对。例如，研究者设计了以下四个观察点来观察学习者的课堂学习活动，在观察过程中核对这些观察点出现的情况以及出现的频率。

①要求老师翻译生词

②使用母语与老师进行交流

③使用目的语与同伴进行交流

④要求老师解释语法

级别量表法指的是研究者将研究的某一维度用等级的方式表示其不同的程度。例如，观察学习者在某一学习任务的投入程度：

非常投入 1 2 3 4 5 不投入（very involved　1 2 3 4 5 not involved）

记叙性描述指的是研究者对观察现象进行书面描述，记录其细节。例如，通过观察教师和学生在第二语言课堂内母语的使用情况，研究者需要描述教师语言的类型和数量、学生语言的类型和数量。

课堂观察的内容一般包括：

①自我观察（一边讲课一边观察）：观察对象主要是学生的学习行为、人际间互动情况、对教师授课的反应等。

②观察他人（听课）：观察讲课教师的行为，包括教材运用、讲解能力、提问技巧、教学沟通、多媒体运用、学生行为管理、教学准备、组织教学和评价教学，也包括讲课教师的课堂观察能力、学生非学习性行为等。

研究者进入教学现场进行观察，不免会给正常的教学活动带来影响，可能分散学生的注意力，也可能会产生霍桑效应，学生的课堂表现要比平时好得多。研究者进入课堂内观察，需要得到教师和学生的许可，要尽可能得到教师的帮助。

◎ **日志/日记**

日记也是获得深度信息的有效方法，要求参与者按照一定的要求记录生活的点点滴滴，这些经历可以反映参与者的认知和情感。研究者根据研究的目的，告知参与者日记写作的目的和内容。下面的例子中，学习者的日记包括三个方面：听力材料、听力问题以及问题出现的原因。这样有利于研究者分析和归纳所收集的材料，并且确保材料是相关的。

I listened to an English program this evening through the radio. Though the speed was not very fast, I didn't understand well. I often heard some words sounded familiar but I couldn't know their meanings quickly, I must think for a while and when I knew it, the program already past a lot. Maybe I wasn't familiar with the pronunciation of such words because I only read or wrote but never listened to or spoke them.

(Goh，1997：364)

日记法往往可以挖掘参与者内心深处的东西，获取其他方法不能得到的信息。但是，日记对参与者的书面表达能力有着较高的要求，他们的写作水平可能参差不齐，并且可能会遗忘某些细节，他们的日记写作在深度和质量上可能存在差异。

除了学生的学习日记之外，还有教师的教学日记。教学日记是教师对教育生活事件的定期记录，是将真实的生活场景转化为文字、语言符号加以记载，梳理自己的教学行为。通过教学日记，教师可以定期回顾与反思日常的教学情景。在不断的回顾与反思过程中，教师对教学实践、教学问题和自我认知方式与情感的洞察力，也会不断地加强。教学日记通常需要每天或几天记录一次，至少是每周记录一次。一般来说，教学日记不是简单地罗列教育生活事件，而是通过聚集这些事件，让教师更多地了解自己的思想和行为。以下是一位实习教师的一篇教学日记：

"今天上了第四节课，发现英语说的越来越少了，大部分课堂指令的发送，知识点的讲解几乎全是用汉语讲的。今天这节课上的是语法课，大量的时间用在了提问和分析句式上了，虽然整个课堂控制的还行，抓住了学生的注意力，但讲课的进程却不尽如人意，大概只讲了四分之一的内容。也不知怎么的只分析了几个句子，做了几道练习题，一节课就结束了。让我有些不满的是给学生分析了好几遍的句子，可学生还是理不出头绪来。下课后，我带着有些抱怨的语气向老师诉说，老师的一席话却让我一下子无地自容了。

我向老师抱怨说，学生分析不出来句子，课进行不下去了。老师给我提供了一种方法：由于讲的是主语从句，老师的方法是先找出连词，然后顺着连词往后推第一个谓语就是从句的，下一个自然就是主句的，这样一来整个句子也就分析出来了。而我认为先找出主句的谓语，其他成分也就一目了然了，学生肯定会认可这个简单方法的。

事后反思，觉得自己真是太自以为是了。分析句式主要目的就是分清主句和从句，而我把要实现的目的当成了已知项，认为主句从句就在那里摆着，找个谓语还不简单嘛。哎！自己教学方法不对还埋怨学生笨，真是丢死人了。今后我得慢慢地探索教学方法、积累经验，慢慢地总结。"

◎ 内省法

内省法是将思维过程口述出来的研究方法，内省法亦称为口述法。内省法探究的是人们的认知过程。根据口述的时间与完成特定任务的时间之间的关系，口述可分为共时（concurrent）口述和事后（retrospective）口述。前者是口述者在完成特定任务的同时讲述自己的心理认知状况，即出声的思维；后者是口述者在完成特定任务后回忆和追述自己的认知心理过程。

研究者在采用口述法之前需要仔细研究口述材料，决定需要停顿的地方，以便参与者口述自己的认知过程。一般来讲，语篇中可以停顿的地方有意群之间、小句之间以及句子之间等。预先设计的停顿的地方不能妨碍参与者对语篇的理解以及在线思维过程。当参与者不知道说什么时，研究者会提示他"你正在想什么？""你是如何理解的？"等。这个过程需要录音、转写和分析。

事后口述是在听力或阅读任务完成之后进行的。为了提高事后口述的信度和效度，Dörnyei（2007）提出以下建议：①完成任务与口述之间的时间要尽可能短，最好不要超过24小时。②语境信息越多，口述的效果越好。就听力任务来说，将原材料重新听一遍比看听力原稿更好一些。③要求被试者回忆可以直接提取的信息，如"你听到这里时，想到了什么？"。④不要提前告诉被试者事后口试的事情。⑤尽量让被试者主动提供信息。⑥如果可能的话，口述可以使用被试者的母语。⑦口述的过程需要进行试测。

人们的思维过程非常复杂，一般的研究方法很难挖掘出人们的认知过程，内省法为探究个体认知心理过程向前迈进了一步。由于被试者的认知和语言水平不同，对他们认知过程的口述也存在质和量的差异。在有声思维法中，被试者的认知过程可能还会受到干扰。在事后口述法中，遗忘的问题不可忽视。

（6）分析和解读数据

由于定性研究没有预设的研究问题，没有明确的变量，没有对变量和环境的控制，因此，对数据的解释要求研究者有高度的分析能力和解释能力。人们往往觉得定性研究实施起来比较容易，不需要太多的设计和控制，但当数据（如课堂录像）统计出来之后，却一筹莫展，找不到头绪，不知从何下手进行分析。这就要求研究者对数据进行多次分析和筛选，力求找出反复出现的趋势和规律（recurring pattern(s)），形成假设。在定性研究中，研究者作为研究的一分子，参与到研究中，因此，对数据的解释具有较强的主观性。

定量研究的数据是通过严格控制变量和实验环境获得的，数据的获得比较直接，数据形式比较直观。在定量研究中，研究者将自己置于研究问题之外，整个研究过程不带任何主观色彩，因此，对数据的解释具有较强的客观性。

定量数据分析方法通常被分为两大类：描述性统计方法（descriptive statistics）和推断性统计方法（inferential statistics）。描述性统计方法主要研究如何整理数据，描述一组数据的全貌，表述一个事物的性质等。表示数据集中趋势的有平均数（mean）、中位数（median）和众数（mode）等，表示数据离散情况的有全距（range）、标准差（standard deviation）、方差（variance）等。其中人们常用的有平均数和标准差。有的论文作者撇开标准差，只比较平均数是不能充分说明问题的，因为当两组数据的平均数相同、标准差不同的情况下，标准差数值大的一组说明该组数据离平均数越远，反之，则越近。在平时的教学效果考察中，我们希望在平均数相同的情况下，标准差越小越好，说明学生之间成绩差异不大；而在选拔甄别考试中，则希望在平均数相同的情况下，标准差越大越好，这样，就能轻而易举地将优秀学生选拔出来。

推断性统计方法主要研究通过观察和分析一小部分数据（sample）来概括和推断它所代表的总体（population）的特征的方法。在外语研究领域中，人们常用的统计方法有 t 检验、相关分析、方差分析、回归分析等。

t 检验，亦称 student t 检验（Student's t test），主要用于样本含量较小（例如 n<30），用以比较两平均数之间的差异是否达到显著性水平。t 检验分为独立样本 t 检验（Independent-samples t-test）和配对样本 t 检验（Paired-samples t-test）。独立样本 t 检验是比较两组的均值是否具有显著性差异。配对样本 t 检验是对同一总体两个样本的比较，同一组被试在实验前和实验后的比较，同一组被试在实验条件下和控制条件下的比较。

相关分析是用数理统计法建立两个随机变量之间的关系。两变量之间联系的方向分为三种情况：第一，两变量变动方向相同，即一种变量变动时，另一种变量也同时发生与前一变量同方向的变动，称为正相关；第二，两变量变动方向相反，即一种变量变动时，另一种变量同时发生与前一变量变动方向相反的变动，称为负相关；第三，两变量之间没有关系，即一变量变动时，另一变量作无规律的变动，称为零相关。

方差分析主要用于分析数据中的不同来源的变异对总变异的影响大小，从而确定自变量对因变量的重要性。单项方差分析检验一个因变量在一个具有两个以上水平的单一变量各组的平均值之间是否具有显著性差异。

回归分析是通过观测值寻求自变量与因变量之间的函数关系的一种统计方法，它所要解决的问题：在相关变量间建立数学关系式，即回归方程；检验回归方程存在的统计合理性，并对各自变量对因变量影响的显著性进行检验；利用回归方程进行预测和控制，并了解这种结果的精确程度。回归分析分为一元回归和多元回归分析。一元回归研究一个自变量和一个因变量的关系。多元回归探究多个自变量与因变量之间的关系，还可以计算自变量对因变量的预测力。

（7）通报研究结果

最后一个步骤是将研究结果撰写成文，以会议交流的形式或论文发表的形式报告给学术界的同行，互相学习，取长补短。论文写作要符合学术写作规范。

总之，开展科学研究是一个过程，需要长时间的积累，不能一蹴而就。只要大家有科研意识，掌握正确的科研方法，平时在教育教学实践中做个有心人，善于发现问题，就一定能找到解决问题的方法，在外语科研方面有所作为。

第六节　外语教师专业发展途径

一、教师专业发展途径

当代教师专业发展的基本途径主要有"教师教育课程改革""教师学习""教师参与研究""校本培训"等。

1. 教师教育课程改革

教师的专业发展，必须经过专门的教师教育，使教师掌握所需的基本知识、掌握教学技能等。人们逐步认识到教师发展是一个连续的生命过程，试图通过教师教育课程改革更有效地提升教师专业发展。教师教育课程指教师在其专业生涯中接受学校专门教育和在职专门培训时获得的教学专业经验，分为职前教育课程和在职教师培训课程。当前的教师教育课程改革主要包括职前与在职教育一体化、学术性与师范性一体化、普通与特殊教育一体化以及理论学习与实践培训一体化。

2. 教师学习

教师学习指教师基于专业发展的需要所从事的更新个体专业知识经验的各种活动。教师的专业成长是一个终身学习的过程，这种学习不仅是个体的学习过程，也是一个集体的学习过程。教师只有在集体与个体互动的学习中，才会真正的获得专业成长。

近年来，作为教师专业发展的一种新的方式——专业学习共同体（professional learning community）逐步发展起来。专业学习共同体是某一个学校或校际某一类教师组成一个专业性群体，全体成员在共同目标指引下以学习为主导和纽带，具有高度的凝聚力和旺盛的生命力。专业学习共同体通常由"文化构建"、"多样化发展"、"共同愿景"和"知识共享平台"构成。文化构建就是教师不断进行反思，生成"自觉"、"自律"和"协作"的教学专业文化智慧。多样化发展提供了教师之间个人知识和隐性知识共享的机会和实践园地。共同愿景的建立旨在鼓励每一位教师发展个人愿景，同时，促进教师组成的共同愿景融入学校的发展理念。当前，许多学校建立了网络资源系统，为教师的学习提供了良好的平台。

3. 教师参与研究

教师参与研究的形式有多种类型，比较常见的有"校本教学研究"。校本教学研究是一种特殊的教学研究制度和方式，以学校为基地，以教师为主题，以教师在教育教学实践中遇到的问题为对象，以提升学生学习结果、促进教师专业发展和提高学校教育质量为目的。校本教学研究的基本形式是"行动研究"。

教师行动研究，指教师在日常工作中，将自己组织开展的实际教育教学活动作为研究对象，采取有效方法加以观察、反思的方式。教师的行动研究，将教师置于自身实践的具体过程中，进行再思考和再体验，为教师教育教学专业能力的发展提供了机会，有利于教师在不断的反思教学中获得成长。

二、外语教师专业发展途径

外语教师专业发展是一个长期的过程，是教师职前（pre-service）、在职（in-service）过程中不断培训、学习、积累和反思的结果。刘润清（2001）认为外语教师培训应包括两个方面的培训："教什么"和"如何教"。"教什么"是对外语本身的培训；"如何教"涉及外语教学和相关学科的知识。

束定芳等人（1996）认为合格的外语教师应该具备以下素质：（1）较为扎实的专业知识和专业技能。外语教师必须具备外语语音、词汇、语义、语用方面的知识，同时必须具备较高的外语听、说、读、写的技能。（2）教学组织能力和教育实施能力。外语教师必须具备教育学、心理学的学科知识，熟悉教学组织的步骤和基本的教学原则，具备运用现代化的教学辅助设施进行教学的能力。（3）较高的人格修养和令人愉快的个人性格。（4）较为系统的现代语言知识。外语教师应该对语言和语言交际能力的本质、特点和规律有系统的了解，并能自觉地利用语言学方面的知识指导外语教学实践。（5）相当的外语习得理论知识。外语教师应熟知外语习得理论，了解最前沿的外语研究动向和成果。（6）一定的外语教学法知识。外语教师要了解各种教学法，如语法翻译法、直接法、听说法、交际法、暗示法、社团学习法、沉默法等教学法的渊源、优势和不足，以充实自己的外语教学实践知识、提高教学技能。

Nunan（1990）从行动研究角度，阐释教师素质包括掌握专门学科知识；掌握课堂观察和研究技能及实质；研究和开发课程的技能；分析、判断、管理和评估能力；获取信息能力；控制、描述自己行为和学生活动的能力；个人教学信念；自我反思能力；了解教学方法、教材及其运用；认识课堂行为和学生学习之间的关系；基于课堂教学情景修正和改变教学行为的能力等。

英国著名学者Strevens（1977）认为，理想的外语教师的特征包括：教师个人素质，教学能力和专业理解三个方面。外语教师培训方案包含四个基本要素，即选拔、个人继续教育、作为教师或教育人员所接受的普通专业教育以及作为外语教师所接受的特殊教育。其中外语教师的特殊教育是培训课程的核心部分，分为技能层面、知识层面和理论层面的内容，其中技能层面指熟练掌握英语、教学技巧、课堂活动、管理学习的技能，知识层面指有关教育的知识、大纲与教材教具的知识、有关语言的知识。

为了尽快地成长为优秀的外语教师，教师可以通过采取以下途径实现教师专业发展（张庆宗，2011）：

1. 注重学习、善于积累

外语教师要注重学习，树立终身学习的理念，学习是获得发展的唯一源泉。

第一，学习语言学理论与外语学习理论。外语教师必须具备一定的语言理论知识，应该对语言的本质特征、语言分析方法、最新的语言理论发展趋势等有所了解，同时，外语教师更要了解外语学习过程的特殊性及有关的语言学习理论；

第二，注重外语理论与实践。外语教师应该时刻把提高和完善自己的外语实践能力，即听、说、读、写、译的能力摆在重要的位置，但同时也应该重视关于语音、语法、词汇和语用方面的知识，并且将理论运用于实践；

第三，教育心理学理论与教学实践并重。外语教师应该具备基本的教育心理学知识，了解课堂教学的一般性原则和学生的心理特点，同时外语教师应该研习本学科的各种教学流派的形成和特点，掌握外语教学中一些最基本的教学原则和方法。

第四，对优秀外语教师的课堂教学进行观察和分析，分析他们的教学活动特点、知识经验结构特征、教学行为等内容。课堂观察分为组织化观察和非组织化观察。组织化观察一般在观察之前制定比较详细的观察计划，确定观察的对象及观察的程序，非组织化观察则不具备以上特征。观察可以是课堂现场观察，也可以是观看优秀教师的教学录像。Shulman（1987）认为，开展案例教学对于提高教师的专业水平具有十分重要的作用。在Shulman看来，案例介于理论和实践之间，观念与经验之间，理想与现实之间。案例教学具有如下特征：为教师提供真实的课堂情境；呈现内隐知识和提供多元表征；提供向专家学习的机会。

2. 注重反思、善于总结

教师在教学活动之后要注重反思教学过程，善于总结经验，改进不足之处。反思是教师着眼于自己的教学活动过程来分析自己做出的某种行为、决策以及所产生的结果的过程，是一种通过提高参与者的自我觉察水平来促进能力发展的手段。只有具有反思的意识和能力，才能对自己所学的理论、所持有的信念和经验以及教学实践进行深入的反思和分析，才能超越理论的局限、观念的偏颇，才能摆脱经验权威的影响，使理论和经验在碰撞与互动中不断升华，从而成长为一名反思型、研究型的教学专家。

教师要成长为反思型、研究型专家，必须要强化教学反思意识，掌握科学的反思方法。一般来说，教师的反思方法包括以下几种策略：一是教师主体自身的反思策略，如反思日记、教师个人研究等，这种反思策略体现的是教师与自我的对话。二是教师主体与他人交流的反思策略。从交流主体来看，可以与专家交流，与教师同行交流，也可以与学生交流。三是教师进行理论文献的反思，教师结合自身实践批判性地阅读反思性教育理论与实践方面的文献。

教师教学反思的主要内容包括以下两个方面的内容：

首先，教师应反思自己的教学理念。教学理念包括学习者需求、认知方式、学习策略等，语言的功能，语言教学的目的，教学原则，教师角色，教学方法等。学习者是学习的主体，教师可以通过需求分析（needs analysis）了解学习者的需求，了解学习者的智力因素和情感状态。在对学习者有了充分的了解之后，教师才能做到有的放矢，取得较好的教学效果。同时，教师要对语言功能、语言教学目的、教学原则等有一个正确的认识，这样，才能在教学活动中对教师角色正确定位，采用适当的教学方法。

其次，教师应反思自己的教学行为。教学行为包括教学计划，课堂决策，教学活动的设计与组织，课堂管理等。教师在教学活动之后要经常反思自己的教学行为，如对教学计划进行必要的调整，对教学活动的各个环节进行分析、评估等，以改进教学效果。

3. 注重研究、善于升华

外语教师不仅是一名教师，同时也应该是一名研究者。研究是一种态度、是一种精益求精的职业追求和信仰。在研究过程中，教师以主动的精神和态度，研究自己的教育教学，提升自我素养，提升教育教学质量。研究如何让教育的意义在学生身上得以实现，如何让学生健康、全面的发展，如何让自己在教育过程中体验教育生活的幸福。教师可以开展行动研究，在学校真实的教学环境中发现问题、研究问题并解决问题。教师研究的内容包括：（1）具体的课堂教学，如备课、批改作业、学生评价；（2）日常教育，如品德教育、心理辅导；（3）教育管理，如纪律管理、教学安排、制度设计；（4）人际交往，如与家长的沟通、与同事的沟通、与学生的沟通；（5）自我生活的改善，如家庭生活、社会生活与工作关系的处理，个人兴趣、爱好、情感的满足和心理压力的调适等。

教师行动研究旨在不断革新和改善教育行动；同时，它有助于教师个人行动理论的产生和发展。行动研究与专家研究的区别在于：（1）研究问题可以是来自于自己的日常教学经验中的任何问题，而不一定是大的课题；（2）研究途径可以是任何非正式的探索方法，包括记笔记、写日志、谈话记录等，而不一定像专家们那样恪守研究套路；（3）在行动研究中，教师可以形成研究者团体，包括教师之间、教师与学生之间的联系等。因此，行动研究是一种学习途径，一种教师专业发展的途径，是一个螺旋式上升、不断发展的过程。

行动研究的主要步骤：发现问题，形成假设，验证假设。

▲发现问题：这是行动研究的起点，教师关注教学活动中的特定问题，并从课程、学生、教师本身等方面收集有关资料。研究问题通常来自于教师日常教学中的任何问题，不一定是大的课题。收集资料的几种主要方法包括：①观察：对课堂教学活动进行观察和记录。课堂观察的内容可以预先设定，这样观察结果更具有针对性；也可以不预先设定观察内容，这样观察的范围会更宽泛，没有局限性。②问卷与访谈：通过问卷可以大量地、便捷地获得比较客观的数据。尽管访谈中被试的数量通常不大，但通过访谈可以了解被试深层次的想法和动态。③教师日志：记录教

学事件，真实反映教学过程。④学生日志：学生将自己的学习方法、学习体会记录下来。教师可以通过学生日志反思自己的教学，对教学活动作出必要的调整，以取得更好的教学效果。

▲**形成假设**：在发现问题之后，教师要广泛地查阅文献，查询与当前问题相关的信息，并在此基础上形成假设，力图找到解决问题的方法和途径。

▲**验证假设**：教师要根据假设，进一步有针对性地收集数据，通过统计分析来验证假设，解决教学中的实际问题。

教师要善于将教学体验和教学心得提炼、升华，从中找出一般性的规律，用不同的产出形式，如向同行介绍自己的教学方法和手段、发表文章、编写教材等丰富外语研究领域。

参 考 文 献

［1］ Alderson, J. C. , Clapham, C. M. & Wall, D. *Language Test Construction and Evaluation.* Cambridge: Cambridge University Press, 1995.

［2］ Alderson, P. *Listening to Children: Children, Ethics and Social Research.* London: Barnardos, 1995.

［3］ Alexander, P. A. The development of expertise: The journey from acclimation to proficiency. *Educational Researcher*, 2003, 32: 10-14.

［4］ Asher, J. *Learning Another Language through Actions* (6th ed.). Los Gatos: Sky Oaks Productions, 2000.

［5］ Ashton, P. T. & Webb, R. B. *Making a Difference: Teachers' Sense of Efficacy and Students' Achievement.* White Plains, N. Y. : Longman, Inc., 1986.

［6］ Atkinson, I. W. *An Introduction to Motivation.* Princeton, NJ: D. Van Nostrand Company, Inc., 1964.

［7］ Babad, E. Measuring and changing teachers' differential behavior as perceived by students and teachers. *Journal of Educational Psychology*, 1990, 82: 683-690.

［8］ Babad, E. Pygmalion—25 years after interpersonal expectations in the class. In P. D. Blanck (ed.) *Interpersonal Expectations: Theory Research and Applications.* Cambridge University Press, 1993.

［9］ Bachman, L. F. & Palmer, A. *Language Testing in Practice*. Shanghai: Shanghai Foreign Language Education Press, 1999.

［10］ Bachman, L. F. *Fundamental Considerations in Language Testing*. Oxford: Oxford University Press, 1990.

［11］ Berliner, D. C. *Expert Knowledge in the Pedagogical Domain*. Paper Presented at the Meeting of the American Educational Psychological Association, New Orleans, LA, 1989.

［12］ Berliner, D. C. Expertise: The Wonders of Exemplary Performance. In J. N. Mangieri & C. C. Block (Eds.) Creating Powerful Thinking in Teachers and Students. Fort Worth, TX: Holt, Rinehart & Winston, 1994.

［13］ Bloom, B. S. Taxonomy of Educational Objectives: the Classification of Educational Goals. *Handbook* 1: *Cognitive Domain*. Mckay, 1956.

［14］ Borko, H. & Putnam, R. T. Learning to Teach. In D. C. Berliner & Robert, C. C. (Eds.), *Handbook of Education Psychology*. New York: Macmillan, 1996: 673-709.

［15］ Braun, C. Teacher Expectation: Sociopsychological Dynamics. *Review of Educational Research*, 1976, 46: 185-213.

［16］ Brophy, J. E. & Good, T. L. Teachers' Communication of Differential Expectations for Children's Classroom Performance: Some Behavioral Data. *Journal of Educational Psychology*, 61/5, 1970: 365-374.

［17］ Brown, J. D. *Using Survey in Language Programs*. Cambridge: Cambridge University Press, 2001.

［18］ Burden, P. *Teachers' Perceptions of the Characteristics and Influences on Their Personal and Professional Development*. Columbus, Ohio. Ohio State University, 1979.

［19］ Burns, A. Teacher beliefs and their influence on classroom practice. *Prospect*, 1992, 7: 56-66.

[20] Calderhead, J. Teachers: Belief and Knowledge. In D. C. Berliner & Robert, C. C. (Eds.), *Handbook of Education Psychology*. New York: Macmillan, 1996: 709-725.

[21] Canale, M. From Communicative Competence to Communicative Language Pedagogy. In J. C. Richards & R. W. Schmidt (Eds.), *Language and Communication*. New York: Longman, 1983: 2-27.

[22] Carroll, B. J. The Psychology of Language Testing. In A. Davies, *Language Testing Symposium: A Psycholinguistic Perspective*. London: Oxford University Press, 1968.

[23] Carroll, J. B. & Sapon, S. M. *Modern Language Aptitude Test (MLAT)*. San Antonio: Psychological Corporation, 1959.

[24] Clark, C. M., & Peterson, P. L. Teachers' thought processes. In M. C. Wittrock (Ed.), *Handbook of Research on Teaching* (3rd ed.). New York: Macmillan, 1986: 255-296.

[25] Clark, K. *Dark Ghetto—Dilemmas of Social Power*. Middletown, CT: Wesleyan University Press, 1965.

[26] Curran, C. A. *Counseling-Learning: A Whole-Person Model for Education*. New York: Grune and Stratton, 1972.

[27] Deci, E. L. & Ryan, R. M. *Intrinsic Motivation and Self-determination in Human Behavior*. New York: Plenum, 1985.

[28] Deci, E. L. & Ryan, R. M. The "What" and "Why" of Goal Pursuits: Human Needs and the Self-determination of Behavior. *Psychological Inquiry*, 2000, 11: 227-268.

[29] Dewey, J. *Experience and Education*. New York: Collier Books, 1938/1963.

[30] Dörnyei, Z. *Research Methods in Applied Linguistics*. Oxford: Oxford University Press, 2007.

[31] Eccles, J. & Wigfield, A. In the Mind of the Actor: The Structure of Adolescents' Achievement Task Values and

Expectancy-related Beliefs. *Personality and Social Psychology Bulletin*, 1995, 21: 215-225.

[32] Eccles, J. S. Studying Gender and Ethnic Differences in Participation in Math, Physical Science, and Information Technology. *New Directions in Child and Adolescent Development*, 2005, 110: 7-14.

[33] Evelein, F. , Korthagen, F. & Brekelmans, M. Fulfilment of the Basic Psychological Needs of Student Teachers During Their First Teaching Experiences. *Teaching and Teacher Education*, 2008, 24: 1137-1148.

[34] Fessler, R. A Model for Teacher Professional Growth and Development. In P. J. Burke & R. G. Heideman. *Career-Long Teacher Education*. Springfield, 1985.

[35] Freeman, D. & Richards, J. C. Conceptions of Teaching and the Education of Second Language Teachers. *TESOL Quarterly*, 1993, 27: 193-216.

[36] Freeman, D. & Richards, J. C. *Teacher's Learning in Language Teaching*. Cambridge University Press, 1996.

[37] Friedman, I. A. & Farber, B. A. Professional Self-concept as a Predictor of Teacher Burnout. *Journal of Educational Research*, 1992, 86: 28-35.

[38] Fullan, M. & Hargreaves, A. Teacher Development and Educational Change. In M. Fullan & A. Hargreaves (Eds.), *Teacher Development and Educational Change*. London: Falmer, 1992.

[39] Fuller, F. & Bown, O. Becoming a Teacher. In K. Ryan (Eds.) *Teacher Education*. Chicago: University of Chicago Press, 1975.

[40] Gagné, R. M. Computer-based Instructional Guidance. In J. M. Spector, M. C. Polson, & D. J. Muraida (Eds.) *Automating*

Instructional Design: *Concepts and Issues*. Englewood Cliffs, NJ: Educational Technology, 1993.

[41] Gagné, R. M. *The Conditions of Learning* (4th ed.). New York: Holt, Rinehart and Winston, 1985.

[42] Gattegno, C. *Teaching Foreign Languages in Schools*: *The Silent Way* (2nd ed.). New York: Educational Solutions, 1972.

[43] Gibson, S. & Dembo, M. H. Teacher Efficacy: a Construct Validation. *Journal of Educational Psychology*, 1984, 76: 569-582.

[44] Glaser, R. Expertise. In M. W. Eysenck, A. Ellis, & E. Hunt (Eds.) *The Blackwell Dictionary of Cognitive Psychology*. Oxford, England: Basil Blackwell, 1990.

[45] Goh, C. M. Metacognitive awareness and second language listeners. *ELT Journal*, 51/4, 1997: 361-369.

[46] Good, T. & Brophy, J. 著, 陶志琼等译. 透视课堂. 北京: 中国轻工业出版社, 2002.

[47] Grossman, P. L. *The Making of a Teacher*: *Teacher Knowledge and Teacher Education*. New York: Teachers College Press, 1990.

[48] Grossman, P. L. Teachers' Knowledge. In T. Husén & T. N. Postlethwaite (Eds), *The International Encyclopedia of Education* (2nd ed.). New York: Pergamon, 1994: 6117-6122.

[49] Hargreaves, A. The Emotional Practice of Teaching. *Teaching and Teacher Education*. 1988, 14: 835-854.

[50] Harmer, J. *The Practice of English Language Teaching* (4th ed.). Pearson Longman ELT, 2007.

[51] Hilgard, E. R., Atkinson, R. L. & Atkinson, R. C. *Introduction to Psychology*. New York: Harcourt Brace Jovanovich, 1979.

[52] Hoyle, E. Professionalization and Deprofessionalization in Education. In E. Hoyle & J. Megarry (Eds.), *World Yearbook of Education* 1980: *Professional Development of Teachers*. London: Kogan Page, 1980.

[53] Huberman, M. 1993. The Model of the Independent Artisan in Teachers' Professional Relations. In J. W. Little & M. W. McLaughlin (Eds.), *Teachers' Work: Individuals, Colleagues, and Contexts*. New York: Teachers College Press, 1993.

[54] Hughes, A. *Testing for Language Teachers*. Cambridge: Cambridge University Press, 1989.

[55] Hymes, D. H. On Communicative Competence. In J. B. Pride, & J. Holmes (Eds.), *Sociolinguistics*. Harmondsworth: Penguin, 1972.

[56] Ingram, E. Basic Concepts in Testing. In J. P. B. Allen & A. Davies (Eds.) *Testing and Experimental Methods*. Oxford: Oxford University Press, 1977.

[57] Katz, L. Developmental Stages of Preschool Teachers. *Elementary School Journal*, 1972, 73: 50-54.

[58] Killion, J. P. & Todnem, G. R. A Process for Personal Theory Building. In A. E. Woolfolk (Eds.) *Readings & Cases in Educational Psychology*. Boston: Allyn and Bacon, 1993.

[59] Krashen, S. Some Issues Relating to the Monitor Model. In H. Brown, C. Yorio, and R. Crymes (Eds.). *On TESOL* Washington D. C.: Teachers of English to Speakers of Other Languages, 1977: 144-158.

[60] Lacey, C. *The Socialization of Teachers*. London: Methuen, 1977.

[61] Leech, G. N. *Principles of Pragmatics*. London: Longman, 1983.

[62] Leithwood, K. The Principals in Teacher Development. In

M. Fullan & A. Hargreaves （Eds. ） *Teacher Development and Educational Change.* London & Washington, D. C. : The Falmer Press, 1992.

[63] Lennon, R. What Can Be Measured? In R. Farr （Eds. ） *Measurement and Evaluation of Reading.* New York: Harcourt, Brace and World, Inc., 1970.

[64] Lortie, D. *Schoolteacher: A Sociological Study.* Chicago, IL: University of Chicago Press, 1975.

[65] Lozanov, G. *Suggestology and Outlines of Suggestopedy.* New York: Gordon & Breach, 1978.

[66] Marks, R. Pedagogical Content Knowledge: from a Mathematical Case to a Modified Conception. *Journal of Teacher Education*, 1990, 41: 3-11.

[67] Maslach, C. & Jackson, S. E. The Measurement of Experienced Burnout. *Journal of Occupational Behavior*, 1981, 2: 99-113.

[68] Maslach, C. *Burnout: The Cost of Caring.* Englewood Cliffs, NJ: Prentice-Hall, 1982.

[69] Maslach, C. , Jackson, S. , & Leiter, M. *Maslach Burnout Inventory Manual* （3rd Ed. ） . California: Consulting Psychologist Press, 1996.

[70] McClelland, D. C. Methods of Measuring Human Motivation. In J. W. Atkinson （Ed. ）, *Motives in Fantasy, Action, and Society.* Princeton, NJ: D. Van Nostrand Company, Inc., 1958.

[71] McDonald, F. J. & Elias, P. M. The Effects of Teaching Performance on Pupil Learning. *Beginning Teacher Evaluation Study, Phase II, Final Report, Vol. I*, Princeton, N. J. : Education Testing Service, 1976.

[72] Merton, R. K. The Self-fulfilling Prophecy. *Antioch Review*,

1948，8：193-210.

[73] Morine-Dershimer，G. The Anatomy of Teacher Prediction. *Educational Research Quarterly*，1979，3（4）：59-65.

[74] Naiman，N. M.，Frohlich，M. & Stern，H. H. *The Good Language Learner.* Toronto：Ontario Institute for Studies in Education，1978.

[75] Nunan D. 1990. Action Research in the Language Classroom. In J. C. Richards and D. Nunan （Eds.），*Second Language Teacher Education.* Cambridge：Cambridge University Press，1990.

[76] Pelletier，L. G.，Séguin-Lévesque，C. & Legault，L. Pressure from above and Pressure from below as Determinants of Teachers' Motivation and Teaching Behaviors. *Journal of Educational Psychology*，2002，94：186-196.

[77] Perry，P. Professional Development：the Inspectorate in England and Wales. E. Hoyle & J. Megarry. *World Yearbook of Education：Professional Development of Teachers*，London：Kogan Page，1980.

[78] Pimsleur，P. *Pimsleur Language Aptitude Battery （PLAB）.* New York：The Psychological Corporation，1966.

[79] Posner，G. J. *Field Experience：Methods of Reflective Teaching.* New York：Longman Inc.，1989.

[80] Richards，C. J.，& Nunan，D. *Second Language Teacher Education.* Beijing：Foreign Language Teaching and Research Press，2000.

[81] Richards，J. C. & Lockhart，C. *Reflective Teaching in Second Language Classroom.* Beijing：Foreign Language Teaching and Research Press，2000.

[82] Richards，J. C. *Beyond Training.* Cambridge：Cambridge University Press，1998.

[83] Richards, J. C. , Platt, J. & Platt, H. *Longman Dictionary of Language Teaching & Applied Linguistics*. Beijing: Foreign Language Teaching and Research Press, 2000.

[84] Roche, L. & Marsh, H. Multiple Dimensions of University Teacher Self-concept: Construct Validation and the Influence of Students' Evaluations of Teaching. *International Science*, 2000, 28: 439-468.

[85] Rosenthal, R. & Jacobson, L. *Pygmalion in the Classroom*. Holt, Rinehart & Winston, 1966.

[86] Rosenthal, R. The Pygmalion Effect Lives. *Psychology Today*, 1973, 9: 56-64.

[87] Roth, G. , Assor, A. , Kanat-Maymon, Y. , & Kaplan, H. Autonomous Motivation for Teaching: How Self-determined Teaching May Lead to Self-determined Learning. *Journal of Educational Psychology*, 2007, 9: 761-774.

[88] Ryan, R. M. , & Deci, E. L. Intrinsic and Extrinsic Motivations: Classic Definitions and New Directions. *Contemporary Educational Psychology*, 2000, 25: 54-67.

[89] Seidman, I. *Interviewing as Qualitative Research: a Guide for Researchers in Education and the Social Sciences* (3rd ed.). New York: Teachers' College Press, 2006.

[90] Shavelon, R. J. *Evaluation of Nonformal Education Programs: Applicability and Utility of the Criterion-sampling Approach*. Unesco Inst of Education, 1986.

[91] Shulman, L. Those Who Understand: Knowledge Growth in Teaching. *Educational Researcher*, 1986, 2: 4-14.

[92] Shulman, L. Knowledge and Teaching: Foundations of the New Reform. *Harvard Educational Review*, 1987, 57: 1-22.

[93] Skinner, B. F. *Verbal Behavior*. Acton, MA: Copley Publishing Group, 1957.

[94] Slavin, R. E. *Educational Psychology*: *The Theory & Practice*. Beijing University Press, 2004.

[95] Spittle, M., Jackson, K.& Casey, M. Applying Self-determination Theory to Understand the Motivation for Becoming a Physical Education Teacher. *Teaching and Teacher Education*, 2009, 25: 190-197.

[96] Steffy, B. E. *Career Stages of Classroom Teachers*. Lancaster, PA: Technomic Publishing, 1989.

[97] Sternhouse, L. *An Introduction to Curriculum Research and Development*. London: Heinemann, 1975.

[98] Strevens, P. *New Orientations in the Teaching of English*. Oxford University Press, 1983.

[99] Taylor, I. M., Ntoumanis, N. and Standage, M. A Self-determination Theory Approach to Understanding the Antecedents of Teachers' Motivational Strategies in Physical Education. *Journal of Sport & Exercise Psychology*, 2008, 30: 75-94.

[100] Thomas, J. A. Cross-cultural pragmatic failure. *Applied Linguistics*, 1983, 4: 91-112.

[101] van Ek, J. A. 1975. The Threshold Level in a European Unit/ Credit System for Modern Language Learning by Adults. *System Development in Adult Language Learning*. Strasbourg: Council of Europe, 1975.

[102] Villa, A., & Calvete, E. Development of the Teacher Self-concept Evaluation Scale and Its Relation to Burnout. *Studies in Educational Evaluation*, 2001, 27: 239-255.

[103] Wallace, M. *Training Foreign Language Teachers*: *A Reflective Approach*. Cambridge: Cambridge University Press, 1991.

[104] Watt, H. M. G. The Role of Motivation in Gendered

Educational and Occupational Trajectories Related to Math. In H. M. G. Watt, & J. S. Eccles (Eds.), Understanding Women's Choice of Mathematics and Science Related Careers: Longitudinal Studies from Four Countries. *Educational Research and Evaluation*, 2006, 12: 305-322.

[105] Watt, H. M. G. , & Richardson, P. W. Motivations, Perceptions, and Aspirations Concerning Teaching as a Career for Different Types of Beginning Teachers. *Learning and Instruction*, 2008, 18: 408-428.

[106] Weir, C. J. *Communicative Language Testing*. Prentice-Hall, 1990.

[107] Weiss, C. H. *Evaluation Research: Methods for Assessing Program Effectiveness*. Prentice-Hall, 1972.

[108] West, C. & Anderson, T. The Question of Preponderant Causation in Teacher Expectancy Research. *Review of Educational Research*, 1976, 46: 613-630.

[109] Widdowson, H. G. *Teaching Language as Communication*. Oxford: Oxford University Press, 1978.

[110] Wigfield, A. , & Eccles, J. S. Expectancy-value theory of achievement motivation. *Contemporary Educational Psychology*, 2000, 25: 68-81.

[111] Williams, T. Teacher prophecies and the inheritance of inequality. *Sociology of Education*, 1976, 49: 223-236.

[112] Woods, D. *Teacher Cognition in Language Teaching*. Cambridge: Cambridge University Press, 1996.

[113] Zahorik, J. Acquiring teaching skills. *Journal of Teacher Education*, 1986, 27: 21-25.

[114] 《国家中长期教育改革和发展规划纲要》(2010-2020)

[115] 陈琦, 刘儒德. 当代教育心理学. 北京: 北京师范大学出版社, 2007.

[116] 陈佑清．教学论新编．北京：人民教育出版社，2011.

[117] 关松林．英语：学科知识与教学能力（适用于高级中学教师资格申请者）．北京：高等教育出版社，2011.

[118] 李永鑫，杨瑄，申继亮．教师教学效能感和工作倦怠的关系．心理科学，2007（4）.

[119] 李玉荣．中学教师心理健康的现状分析及对策．大连教育学院学报，2006（3）.

[120] 连榕．新手——熟手——专家型教师心理特征比较．心理学报，2004（1）.

[121] 连榕，孟迎芳，廖美玲．新手——熟手——专家型教师教学策略与成就目标．心理科学．2003（1）.

[122] 刘丽红，姚清如．教师期望对学生学业成绩的影响．心理科学，1996（6）.

[123] 刘润清．论大学英语教学．北京：外语教学与研究出版社，2001.

[124] 罗晓路．专家——新手型教师教学效能感和教学监控能力研究．心理科学，2000（6）.

[125] 庞维国．自主学习：学与教的原理和策略．上海：华东师范大学出版社，2003.

[126] 裴娣娜．教育研究方法导论．合肥：安徽教育出版社，1995.

[127] 申继亮．新世纪教师角色重塑：教师发展之本．北京：北京师范大学出版社，2006.

[128] 申继亮，李永鑫，张娜．教师人格特征和组织认同与工作倦怠的关系．心理科学，2009（4）.

[129] 束定芳，庄智象．现代外语教学——理论、实践与方法．上海：上海外语教育出版社，1996.

[130] 宋凤宁，欧阳丹．教师期望：概念、理论模型及实证研究．外国中小学教育，2005（3）.

[131] 宋广文，立军．影响中小学教师期望的因素研究．心理

科学，1998（1）.

［132］王邦佐，陆文龙. 中学优秀教师的成长与高师教改之探索. 北京：人民教育出版社，1994.

［133］肖惜. 英语教师职业技能训练简明教程. 北京：高等教育出版社，2002.

［134］徐富明，刘立国，李斌，邓子鹃，蓝蓉. 中小学教师的职业自我概念及其与自我职业生涯管理的关系. 中国临床心理学杂志，2010（1）.

［135］徐富明，施建农，刘化明. 中学生的学业自我概念及其与学业成绩的关系. 中国临床心理学杂志，2008（1）.

［136］颜桂. 基础教育教师职业自我概念的维度探索. 当代教育与文化，2011（3）.

［137］颜桂. 基础教育教师职业自我概念及其影响因素研究. 现代教育科学，2009（12）.

［138］杨宏飞. 小学教师自我概念与心理健康的相关分析. 中国心理卫生杂志，2003（5）.

［139］叶澜，白益民，王丹，陶志琼. 教师角色与教师发展新探. 北京：教育科学出版社，2001.

［140］俞国良. 专家——新手型教师教学效能感和教学行为的研究. 心理学探新，1999（2）.

［141］张庆宗. 漫谈外语教师如何做科研. 中国外语，2010（4）.

［142］张庆宗. 文献综述撰写的原则和方法. 中国外语，2008（4）.

［143］张庆宗. 高校外语教师的职业倦怠的成因及对策. 中国外语，2011（4）.

［144］张庆宗. 外语学与教的心理学原理. 北京：外语教学与研究出版社，2011.

［145］张庆宗，吴喜艳. 应用语言学导论. 武汉：湖北教育出版社，2013.

［146］张志富．英语：学科知识与教学能力（适用于初级中学教师资格申请者）．北京：高等教育出版社，2011．

［147］章兼中．外语教育学．杭州：浙江教育出版社，1997．

［148］郑海燕．初二学生知觉到的教师期望与自我价值感及成就目标的关系及干预研究．东北师范大学硕士论文，2003．

［149］邹申，杨任明．简明英语测试教程．北京：高等教育出版社，2005．

［150］邹为诚等．外语教师职业技能发展．北京：高等教育出版社，2008．